全流程打造爆款

短视频

策划、制作与运营

U0360433

肖椋　李彪　吕澜希　编者

清华大学出版社

北京

内 容 简 介

本书主要讲解短视频策划、制作、运营与带货方面的技能与技巧，以帮助短视频从业者迅速掌握短视频相关的知识并成功变现。

本书共分为 8 章：第 1 章介绍短视频行业的背景、现状以及相关的基础知识；第 2 章详细介绍短视频的变现方式；第 3 章在介绍短视频的定位与策划的同时，介绍制作优秀短视频的注意事项和方法；第 4 章介绍短视频拍摄前的一些注意事项，包括拍摄器材的选择和如何组建高效的拍摄团队；第 5 章介绍 16 类常见短视频的拍摄要点和短视频拍摄的几个注意事项；第 6 章介绍短视频的后期处理；第 7 章介绍短视频的引流方式和引流途径；第 8 章重点介绍短视频的运营攻略。

本书内容全面，逻辑清晰，贴近一线，实操性强，非常适合各类短视频从业者阅读，是一本不可多得的好书。

图书在版编目(CIP)数据

全流程打造爆款短视频：策划、制作与运营 / 肖椋，李彪，吕澜希编著. — 北京：清华大学出版社，2021.4

ISBN 978-7-302-57428-6

Ⅰ. ①全… Ⅱ. ①肖… ②李… ③吕… Ⅲ. ①网络营销 Ⅳ. ①F713.365.2

中国版本图书馆 CIP 数据核字（2021）第 021169 号

责任编辑：栾大成
封面设计：杨玉兰
责任校对：徐俊伟
责任印制：杨 艳

出版发行：清华大学出版社
　　　网　　　址：http://www.tup.com.cn，http://www.wqbook.com
　　　地　　　址：北京清华大学学研大厦 A 座　　　　　　　邮　　编：100084
　　　社 总 机：010-62770175　　　　　　　　　　　　　　邮　　购：010-83470235
　　　投稿与读者服务：010-62776969，c-service@tup.tsinghua.edu.cn
　　　质 量 反 馈：010-62772015，zhiliang@tup.tsinghua.edu.cn
印 装 者：涿州汇美亿浓印刷有限公司
经　　销：全国新华书店
开　　本：170mm×240mm　　　印　　张：13.5　　　字　　数：304 千字
版　　次：2021 年 4 月第 1 版　　　印　　次：2021 年 4 月第 1 次印刷
定　　价：69.00 元

产品编号：089522-01

前言

　　短视频面世以来，因其"短、奇、趣"等特点，深受用户喜爱，行业出现了爆发性的增长，加之各大资本纷纷进驻，近两年更是发展得如火如荼。据统计，截至2019年，短视频的用户规模达到了8.57亿人，市场规模也达到上千亿元。越来越多的内容创作者看到了短视频市场的巨大商机，都想投入到短视频行业中来"淘金"。

　　不过，很多人入行后才发现困难重重，首先是不知道如何策划出受欢迎的短视频，其次是不清楚短视频拍摄制作的科学流程，对于短视频的推广运营也没有一套完整的方法，更谈不上如何合理地选择变现方式了。

　　为了帮助短视频从业者解决这些困难，本书编者调研了四十余位热门播主，收集了大量的一手资料，经过半年的整理与提炼，编写出了本书。书中详细讲解了短视频策划、拍摄、后期处理、运营和带货等方面的知识、技能与技巧，能够帮助从业者迅速入行，让他们在短视频行业中大展拳脚，从而实现自我价值。

　　本书不但适合新入行的从业者阅读学习，而且适合有一定经验的从业者作查漏补缺之用，还能供高等院校电商专业的师生了解短视频在电商行业的应用与前景。

　　由于编者能力有限，且短视频行业仍处于不断发展中，因此本书有错漏之处在所难免，还望读者谅解并不吝指正。来函请发至3086616082@qq.com，编者将尽力回复。

编者

课 件 下 载

目 录

第4章 拍摄前一定要知道的事 / 79

错过了比特币，
别再错过短视频

第1章

本章导读

　　近两年，短视频行业发展可谓如火如荼，短视频作为一种新兴娱乐方式，不受时间、地点的限制，迅速占据当代网民的碎片化时间，创造出跨越年龄、跨越地域的强大影响力。作为当下正热门的行业，短视频在短时间内吸引了大量用户，创造出极其可观的利润，未来，短视频行业虽说还有很长的路要走，但依然存在巨大的发展潜力。

　　曾经神话一般的比特币创造了从 0.008 美元升至 2980 美元的惊人涨幅，短视频坐拥几亿用户的巨大市场，仍然存在大量深埋地下的"金矿"等待被挖掘，这无疑为追求财富自由的你提供了一展身手的机会。错过比特币之后，切莫再错过短视频！

1.1 互联网新风口：短视频

短视频所拥有的移动性、互动性、碎片化、制作简单、视觉冲击力强的五大产品特征，恰恰满足了自媒体时代下广大网民的互联网社交与内容消费需要。近两年，快速发展的短视频已经用强有力的数据证明：它就是互联网的新风口。

1.1.1 短视频火到了什么程度

2017 年，我国短视频用户规模已经突破 2 亿人，而这一数据在仅两年后，即 2019 年，达到 8.57 亿人，成倍的用户增长自然带来极大的市场商机。2017 年，中国短视频市场规模达到 53.8 亿元，增长率为 175.9%。次年，中国短视频行业市场规模就攀升至 467.1 亿元，增长率达 744.7%。

同行业相比，在泛娱乐行业中，2019 年中国短视频行业以 32% 的同比增速，达到了 8.21 亿的月活跃用户数，成为泛娱乐移动互联网领域唯一的一项正增长。2018—2019 年 6 月，我国泛娱乐典型行业月活用户数量统计情况，如图 1-1 所示。

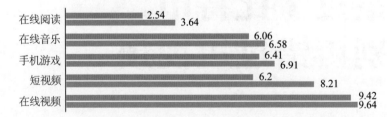

2018 — 2019年6月，我国泛娱乐典型行业月活用户数量统计情况

■ 2018年6月我国泛娱乐典型行业月活用户数（亿人）
■ 2019年6月我国泛娱乐典型行业月活用户数（亿人）

在线阅读　2.54　3.64
在线音乐　6.06　6.58
手机游戏　6.41　6.91
短视频　6.2　8.21
在线视频　9.42　9.64

图1-1　2018—2019年6月，我国泛娱乐典型行业月活用户数量统计情况

可以看到，2019 年在泛娱乐行业中，在线阅读、在线音乐、手机游戏以及在线视频与 2018 年同期相比，月活用户数均有上涨，但上涨幅度与短视频相比就显得"不够看"了。

🎤 **你问我答：什么是"月活跃用户数"？** 月活跃用户数，简称月活用户。月活跃用户数是一个用户数量统计名词，指网站、APP 等平台，在去除重复用户数之后，一个统计月内，登录或使用了某网站或 APP 的用户数量。

1.1.2 短视频为什么能成为新风口

短视频之所以成为新的风口，一方面得益于直播的大热，它让新媒体类的个人与企业，意识到了直播、短视频行业存在多么巨大的潜在流量，以及类似的内容应当如何制作并输出。直播初步培养出了有选景意识和能调试设备的主播，也孵化了一批培育新人、接手广告合作的 MCN 机构。

MCN 是一种多频道网络的产品形态，旨在将 PGC 内容联合起来，在资本的有力支持下，保障内容的持续输出，从而最终实现商业的稳定变现。而 PGC 的含义是专业生产内容，是指经由传统广播电视行业工作者，按照几乎与电视节目无异的方式进行制作，但在内容的传播层面，却必须按照互联网的传播特性进行调整的内容。

另一方面，短视频自身拥有不可替代的优势，才能在如此迅速地占领市场、蓬勃发展的同时，实现变现。短视频的优势主要体现在以下几个方面。

1. 迎合快餐化的娱乐需求

作为广大网民中的主力军，青年网络用户更偏好简洁、碎片化的接受方式，以及娱乐化的内容形式。这意味着，网民们的娱乐需求正在逐渐"快餐化"，他们希望在快节奏的生活中，可以充分利用工作间隙、用餐、通勤等碎片化时间来娱乐、学习或获取新闻。

短视频则恰好迎合了这一要求。用户可以随时打开短视频平台，花费不到一分钟的时间来看一则幽默短剧，学习一个美妆技巧，或是浏览一则新鲜出炉的新闻资讯。在巨大的市场竞争下，短视频的时长越来越短，内容越来越优质，这就能让用户可以更充分地利用零碎时间，更直观便捷地获取信息，主动获取并自发传播更有吸引力、有创意的视频，同时也加快了信息的传播速度。

2. 内容、形式多样化

相比图文类内容，短视频能在更短的时间内传达更多、更直观的信息，表现形式也更加丰富，这符合了当前"90 后""00 后"个性化、多元化的内容需求。如今，短视频平台上的热门内容十分多样，包括但不限于美妆、旅行、美食、萌宠、搞笑等类型的短视频。

在表现形式上，短视频可以是多人出镜共同演绎，可以是单人出镜进行才艺展示，还可以是无人出镜的短视频（这类短视频通常是电影剪辑、自然风光、游戏展示等），以及只有人物手部出镜的美食制作短视频，总之表现形式非常丰富多彩。

3. 制作流程简单、门槛低

手机等移动设备的摄像功能越发强大，4G 和 WiFi 网络普及度越来越高，这直接导致了视频准入门槛的降低。

在过去，想要制作出一个视频需要专业的拍摄设备，如摄像机，还有专业的剪辑软件，如 Premiere Pro。传统视频的生产成本、传播成本较高，不利于信息的传播。而现在，视频制作的全过程已经可以由智能手机"一手包办"，在主流的短视频软件中，可方便添加现成的滤镜、特效，可做到即拍即传，随时分享，大大降低了短视频的生产传播门槛。

4. 社交属性强、黏度高

短视频并非长视频的缩小版，而是一种基于社交的独特表现形式。用户浏览短视频并对之进行点赞、评论、分享，不仅加强了用户与播主（即短视频的发布人）之间的纵向联系，还加强了用户之间的横向联系，这就让用户变得比较依赖于平台与特定的播主，从而表现出较高的平台黏性与播主黏性，这就非常有利于平台的发展壮大，以及播主粉丝群体的不断扩充，从而让整个行业规模都不断地成长，而这种成长又会促进更多的资本与流量的涌入，形成良性的循环。

1.1.3 站在风口上，很容易飞起来

短视频在短时间内以不可思议的速度大热，也让一部分提前"站在风口上的人"，迎着风"飞了起来"。

腾讯发布的《2019 腾讯视频年度指数报告》显示，"老牌网红"李子柒在综合影响力指数上问鼎短视频达人榜，"口红达人"李佳琦紧随其后。而在 2020 年一开年，这两位无人不知的"顶流网红"，便以令人匪夷所思的数据流量刷新了人们对于"网红经济"的认知。

李子柒只要发布一条视频，一夜播放量就能达到 1700 万次，其中播放量最高的视频达到了 3 亿次，其背后是微博 2200 万粉丝，抖音 3700 万粉丝，B 站 220 万粉丝，以及 YouTube 上 730 余万粉丝的贡献。而李佳琦在 2019 年"双 11"拿下 10 亿销售额，这一数据超越了许多城市大商场一年的销售收入。

李子柒在成为传播中国传统文化的"仙女"之前，只不过是一个普通的"90 后"女孩。她的淘宝店开设得很早，但一直销量平平。在 2012 年，李子柒年迈的奶奶身体不适，需要人陪伴照顾，于是她告别城市，回归乡村，逐渐开始用视频记录她田园牧歌式的生活，如图 1-2 所示。

2017 年 10 月，李子柒注册了商标"李子柒"。2018 年 8 月，"李子柒旗舰店"上线，店内仅有的苏造酱、湖羊排、逍遥草本茶等五款产品，三天创下千万销售纪录，成为电商界的销售佳话。李子柒旗舰店粉丝超过 360 万，店铺好评率 100%，产品描

述相符、服务态度、物流服务均高于同行 40% 以上。

2016 年，逻辑思维运作"papi 酱视频贴片广告"招标会，最终，这个项目以 2200 万元拍卖成功，papi 酱的网红价值也实现了变现。李子柒现在微博粉丝超 2300 万，是微博红人节"2019 最具商业价值红人"，如果她愿意接广告，她的广告费用并不会比 papi 酱低。至此可见，网红经济毫无疑问已经成为互联网电商领域最火爆的概念股。

对于企业来说，通过短视频进行品牌宣传也是极其便利的。抖音号"清晨录影棚"是由 2009 年在上海成立的一家文化传播公司创建，该公司以唱片专辑录制、音乐制作、MV 拍摄、广告影视配音为主营业务。"清晨录影棚"从 2018 年在抖音上开始发布短视频，至今已经拥有超过 80 万粉丝，如图 1-3 所示。

图1-2 李子柒在短视频平台的生活记录　　　　图1-3 "清晨录音棚"的粉丝量

"清晨录音棚"给自己设定的宣传路线十分朴素，没有任何哗众取宠的内容，而是原原本本地记录路人与明星们在录音棚中的实况，吸引对音乐感兴趣的人群，并将其转化为潜在客户，不得不说，这一方式十分巧妙。

不管是个人还是企业，都可以通过短视频平台对自身或公司进行不同形式的宣传，找寻适合的内容形式并进行深耕。在流量媒体的时代，蹿红只需 15 秒，下一个顶流网红说不定就是你。

1.2 爱它，就来了解它

短视频虽然已经进入平稳发展的成熟期，但是其未来发展仍然存在巨大潜力。个人或企业如果想成为自带流量的"明日之星"，不做调查直接打开手机拍视频显然是不会成功的。正确的做法是先对短视频进行深入的了解，思考适合自己的发展路线，

再着手进行策划与运营。下面讲述常见的短视频类型，火爆的短视频平台，以及高赞短视频的特点，读者需要了解与掌握短视频的营销优势，以及未来短视频的发展走向。

1.2.1　常见短视频有哪些类型

短视频创作团队想要策划出爆款视频内容，收获粉丝的喜爱，首先需要了解短视频用户们喜爱什么样的内容，想要在短视频 APP 中看到什么。目前，深受观众喜爱的短视频类型可以概括为以下 6 种，如表 1-1 所示。

表1-1　6大观众喜爱的短视频类型

类型	特点
解说吐槽类	可以不需要真人出镜，视频的画面内容主要是某部电影或电视剧的素材，加之播主的思路与观点，将其编写成脚本并进行配音
情景短剧类	通常展现一个完整的故事，故事中有俊男靓女作为主演，而故事脚本一般由创作团队创作，或直接收集粉丝投稿进行润色
个人才艺类	记录播主某项出众的技艺。形式可以是直接展示，也可以是教学
生活、技巧分享类	主要记录生活中的各种日常内容和小技巧的分享。日常内容包括亲子之间的故事，如有趣的父母观点、与伴侣的搞笑日常，或是可爱的萌娃，还有给人带来欢笑的宠物等
街头采访类	记录关于各大热点问题路人的精彩观点
创意剪辑类	对视频素材进行剪辑与特效制作，加强视觉效果，或是增加配音与字幕完成二次创作

1.2.2　火爆的短视频平台有哪些

在最开始的"井喷期"过后，目前的短视频行业已步入稳定发展的成熟期，竞争格局也保持相对稳定。总体来看，除了 2011 年就已经进入短视频行业的先行者"快手"，近两年，头条旗下的火山小视频、西瓜视频、抖音后来居上，占据短视频行业的领先地位。同时行业内的其他竞争者还包括：阿里旗下的土豆视频、百度系的好看视频、全民小视频、腾讯旗下的微视、新浪系的秒拍、波波视频，以及网易、陌陌、360、爱奇艺、美图旗下的短视频平台。接下来将逐一介绍现阶段具有代表性的火爆短视频平台。

1. 抖音

抖音是当下非常火爆的一款短视频 APP，相对于一般的短视频拍摄软件来说，抖音短视频 APP 就像是一股清流——抛弃传统的短视频拍摄，专注于音乐短视频。而音乐也是抖音 APP 最大的特色。

对于当下的年轻人来说，抖音能让他们以不一样的方式来展示自我。明朗强烈的音乐节奏不仅让观众们争相追捧，也成为了短视频火速传播的一大助力。

抖音短视频 APP 作为一款音乐短视频拍摄软件，主要功能自然是音乐视频的拍摄。此外，抖音还有一些小功能值得发掘，具体如下。

（1）关注与推荐

抖音在首页有关注与推荐两大板块，用户可以选择浏览已经关注的短视频号，或是观看系统依照用户喜好推荐的短视频内容。当然，在推荐板块中，也有可能出现用户已经关注过的抖音账号，关注与推荐两大板块如图1-4所示。

（2）直播

在抖音首页的左上角，有一个"Live"标志，它就是进入直播间的快捷通道，在点击这一标志后，界面会显示正在直播的账号。在这一界面点击右上角的更多直播按钮，APP会推荐更多正在进行的直播间给用户，如图1-5所示。

图1-4　抖音中的关注与推荐两大板块　　　　图1-5　抖音直播推荐

（3）拍摄视频

在拍摄界面，用户可以选择五种不同速度的拍摄方式，三种拍摄时长。右上角还有滤镜、美化、倒计时等功能，可以帮助视频创作者拍摄出更有创意、更吸引观众的短视频，如图1-6所示。

除了以上功能之外，抖音短视频APP还能将短视频分享到朋友圈、微博、QQ空间以及有针对性地分享给微信朋友。

2. 快手

2012年，以"记录世界，记录你"为口号的快手APP转型为短视频社区，恰逢智能手机普及，快手作为一个耗费流量的短视频APP，也迎来了发展的春天。

快手的运营定位使得它能与其他平台区别开来，保持用户的高黏性，其独特的运营定位如下。

（1）用户定位在普通人

与其他平台不同，快手着重于吸引被互联网时代忽略的

图1-6　抖音的短视频拍摄主界面

普通人。许多平台创造的运营条件着重于给"网红"提供创作环境，而不是为普通人分享与记录生活提供便利。

（2）"流量平权"原则

快手对所有平台用户保持统一原则，不对某一特定人群或用户提供特定的运营环境，不与明星、网红、主播之类的"流量"签订合约，甚至不对平台内容或创作者进行栏目分类。

（3）"人人平等，不打扰用户"

快手创始人宿华，对于快手的定位是"人人平等，不打扰用户，一个面向所有普通人的产品"。所以在快手中，不论是对明星还是普通人，平台都统一开放，并不会对哪一方有特殊的照顾。

与快手形成鲜明对比的是抖音的产品定位以及目标用户，下面是抖音与快手的对比，如表1-2所示。

表1-2　抖音与快手多维对比表

	抖音	快手
目标用户	一、二线城市；年轻用户	三、四线城市；农村用户
产品定位	音乐、创意和社交	记录、分享和发现生活
人群特征	碎片化时间多、对音乐感兴趣	自我展现意愿强、好奇心强
运营模式	注重推广、扩大影响	规范社区、内容把控

除了在运营定位上的别出心裁，快手在直播方面的耕耘已经达到了很多短视频平台难以企及的深度。

据调查，在许久之前，快手的直播主播就已经遍布20～60岁以上的各个年龄层，这些主播会与用户分享烹饪知识、进行养殖教学，也会教用户如何美甲和护肤，同时也会在视频中直播唱歌、跳舞，为用户带去乐趣。当然，他们也会卖一些自己的商品。

图1-7　"农村会姐"进行直播时页面

在快手直播内容中，排名最火爆的前三位其中之二就是唱歌直播和戏曲直播。快手中的这些直播内容往往并不一定都是十分专业或完美的，但正因为不完美，也给人带来十分浓重的生活气息。这样真实的展现为快手的主播和用户之间建立了除主播与粉丝外，更加亲密的关系，二者更像是朋友，也更加具有信任感。以账号"农村会姐"为例，"农村会姐"是一个已经拥有超过1000万粉丝的账号，其日常的视频内容是教大家如何在家进行农家菜的制作，一般情况下，"农村会姐"进行直播时，会有超过一万人在线观看，如图1-7所示。

同时，在垂直分类下，快手平台的精细化运营也在不断增强，值得注意的是，快手游戏直播数据日活跃用户已经超过 5100 万，这个数据已远超斗鱼、虎牙之和。而在 2019 年，快手首次直播英雄联盟 S9 总决赛，首日在线观看人数突破 2500 万，总观赛人数达 7400 万。由此可见，其用户活跃量是非常巨大的。

3. 抖音火山版

火山小视频自 2020 年 1 月已经更名为抖音火山版，并启用全新的图标，如图 1-8 所示。

图1-8 抖音火山版的新图标

抖音火山版最突出的特点就是其"盈利性"，这款短视频 APP 在问世时打出的口号就是"会赚钱的小视频"，定位十分准确，充分把握了用户想要"空手套白狼"的盈利心理。

抖音火山版的母公司是字节跳动，与抖音同属一家，为了将抖音火山版推向市场，母公司提供了 10 亿资金补贴，全力打造平台内容，聚焦流量，炒热 APP。

今天的抖音火山版，在视频拍摄方面已经拥有了自己的特色，在视频拍摄界面，不仅拥有"一键大片"的选项，还有"聊一聊"与"K 歌"功能，如图 1-9 所示。

"一键大片"是引导用户制作属于自己的热门短视频的选项，在点击"一键大片"后，进入的界面如图 1-10 所示。

图中的选项都是 APP 中的热门内容模板，用户只需要上传相应数量的照片，便可制作出属于自己的小视频。

"聊一聊"则是为用户提供了近期的热门话题，让用户选择自己感兴趣的内容进行视频拍摄，如图 1-11 所示。

图1-9 抖音火山版视频
拍摄界面

图1-10 抖音火山版
"一键大片"界面

图1-11 抖音火山版
"聊一聊"界面

抖音火山版的"K歌"部分包含传统"K歌"软件的大多数功能，支持视频与音频录制，用户可以选择录制整首歌曲或仅录制高潮部分，还能调整人声与伴奏的大小，如图1-12所示。

4. 美拍

美拍是由美图秀秀的母公司——厦门美图网科技有限公司推出的一款高颜值短视频社区APP。在初期，美拍的主要卖点是高颜值滤镜，虽说在后期各大短视频APP都已经推出了滤镜拍摄功能，但是美拍依然具有不可代替性。

在图1-13中可以看到，最上方的栏目中，"发现"是用户进入后的第一界面，同时还有其他可以选择的栏目，包括"直播""美食""小剧场""变美""搞笑""母婴""舞蹈""手工""玩具""游戏"等分类。甚至在浏览期间，画面中央还会自动跳出，邀请用户进行"围观"的对话框，它可以将用户拉入其他分类。

图1-12 抖音火山版的"K歌"功能

图1-13 美拍首页

而最左边的"直播"栏目，则是入驻美拍平台的短视频创作者最主要的"创收地"，在他们进行直播的时候，粉丝可以进行送礼，而这些礼物都是由金钻兑换而成的。在美拍的直播界面中，会为浏览用户提供便捷通道进行金钻充值，来让用户支持自己喜爱的主播，如图1-14所示。

美拍在视频拍摄方面也设置了许多"新花样"，在拍摄界面中点击左边的"工具箱"，会进入一个界面，该界面分为上、下两大模块，皆为不同形式的内容拍摄。值得一提的是，其中的"电影MV"选项，用户进入后可以选择自己喜爱的配音与字幕模板，直接进行拍摄。工具箱界面如图1-15所示。

图1-14　美拍直播的充值界面

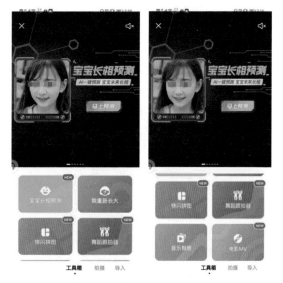

图1-15　美拍"工具箱"界面

1.2.3　高点赞的短视频有什么特点

众所周知，在短视频APP上，高点赞的短视频能得到更多的推荐量，如此一来，越火爆的视频越容易受到推荐，视频受到推荐后，也更容易获得更多的点赞和评论，以此循环，火爆的视频就会越来越火爆。这样的循环是每一个短视频的制作个人或公司团队都喜闻乐见的，那么高点赞的短视频有什么共同特点呢？哪些共同特点是短视频制作者可以进行借鉴和学习的呢？下面将对比进行介绍。

1．美，但不能只有美

现在大部分网红孵化公司，在招募短视频主角时，都会将颜值作为第一要求。毕竟爱美之心人皆有之，长相出众的人，特别是女生，在短视频APP中是十分占优势的。

以曾有抖音女神之称的"吴佳煜"为例，她本是一家口腔诊所的咨询师，但因为甜美的面容，她在抖音拍短视频不到2个月，粉丝就破了百万，于是转行专职进行抖音拍摄，还签了经纪公司，目前粉丝已经超过790万，获赞数超过5800万，如图1-16所示。

但高颜值的短视频主角那么多，并不是每一个人都可以变成吴佳煜，且单纯的美已经无法满足现代网民的要求，所以要想自己的作品成为"10W+""100W+"的热门，还需要达到以下条件。

（1）适当扮丑

以吴佳煜为例，利用夸张的肢体语言扮丑或者对口型、反转向的搞笑短视频，反而比单纯展示美的视频更受欢迎。这大概是由于女性用户的占比较大，相比于用"高不可攀的美"吸引用户，扮丑更容易拉近与观众的距离，博得好感。

（2）才艺出众

扮丑要宝是需要一定的演技与天赋的，并不是随便哪个人都能做到。如果实在缺乏这方面的幽默感，那么出众的歌喉、曼妙的舞姿也是不错的选择。如今，只是拥有皮囊美，容易被人冠以"花瓶"的称号，想要获得观众的认同，就要秀出真正的"实力"。除了传统意义上的才艺，比如唱歌跳舞一类，"别出心裁"的特长更能在短时间内让观众记住你。

比如，"踢瓶盖挑战"的短视频一度风靡全网，引得无数人跟风，甚至包括许多知名的动作明星也发布了关于"踢瓶盖挑战"的短视频，如甄子丹和赵文卓，如图 1-17 所示。

图1-16　吴佳煜的抖音账号页面　　　　图1-17　甄子丹与赵文卓参与"踢瓶盖挑战"

2. 颜值不够，搞笑来凑

抖音上很多人玩的"透明胶带"恶作剧，可以说是搞笑视频的代表。视频中的主人翁，往往通过在门框上粘透明胶带，来整蛊绊倒其他人。被整蛊的人因为身处情景中，看不到透明胶带，常会被整得很惨，但作为观众的用户，则属于上帝视角，早早就能预见结果，如此一来，喜剧效果便出来了。这正是喜剧最常见的手法，有预期的"悲剧"，卓别林与憨豆先生也常通过这样的方式来制造笑点。这类视频往往在博人一笑之余也收获了极高的点赞量。

除了恶作剧外，短视频APP中不乏一些完全依靠具有独特个人风格的搞笑剧情演绎而爆红的账号，抖音号"多余和毛毛姐"就是典型代表。它的主创团队凭借新颖的剧本，以及表演者搞笑的"贵州普通话"，并融入反串元素，做出了极具个人特色的表演。目前粉丝已经超过3400万，获赞超过3.7亿，可以称为短视频界的"新晋顶流网红"了，如图1-18所示。

3. 萌娃萌宠萌化你

在短视频中加入萌娃与萌宠，也是短视频获得高赞的一个途径。很多时候，观众会出于对萌娃与萌宠的本能喜爱，在这类视频中得到愉悦感与治愈感，然后顺手点上一个赞。在抖音APP中，有一个布偶猫玩主人的橡皮筋的视频，就因为这只小猫太过可爱，而迅速走红，如图1-19所示。

图1-18 "多余和毛毛姐"

图1-19 布偶猫玩橡皮筋的短视频

该视频最大的亮点就是，布偶猫的声音与人十分相似，它顽皮的行为唤起了网友们的童年回忆，看见它就仿佛看见了童年的自己，怎能让人不心生欢喜呢？其实，萌宠和萌娃这类短视频吸引人的本质上是相同的，都是采用拟人化的表现手法，让观众感觉不是在看动物，而是在看人，从而激起观众的同理心和趣味感。

4. 音乐渲染，加强感染力

以当下十分火爆的抖音为例，作为一个音乐短视频平台，音乐是其区别于快手、秒拍、美拍等短视频APP最大的特点。合适的配乐对于视频传播是有极大帮助的，但并不是所有音乐都有助于视频传播，如果想让音乐增加视频的感染效果，需要从节奏感与热度两方面下手。

（1）节奏感

一般而言，律动越强的音乐，越能够吸引关注，甚至有许多短视频创作者会专门寻找卡点音乐进行拍摄。原因有两点：一是音乐的旋律本身就可以直接刺激用户的情感，从而让用户形成关注。二是律动感强的音乐，往往能让人形成天然记忆和行为刺激，在加深用户印象的同时，激起用户转发的冲动，形成二次传播，从而带动视频热度。

（2）热门程度

除了寻找节奏感强的音乐作为配乐之外，更简便的办法是直接寻找高热度的配乐进行视频内容拍摄。短视频 APP 是一个可以让一首歌曲快速流行起来，达到高传播量的利器。富有带动性、朗朗上口的音乐往往会成为某段时间的热门，创作者们可以"趁热打铁"，利用热门配乐，为自己的短视频引来更多流量。

1.2.4　短视频在营销上有什么优势

短视频红火至此，除了其自身具有超强的感染力外，在营销上也具有与其他泛娱乐方式不同的独特优势，其优势主要有如下几点。

1. 专业营销策划

短视频虽然只有不到一分钟的时长，但想要制作出高质量的短视频，仍需要较强的专业性，同时要耗费的步骤也较多，编导、策划、摄像、后期、运营等步骤缺一不可。不论对于整体团队，还是创作过程，它的专业度要求都比较高，但这也保证了其视频营销的独一无二性。

短视频的火爆催生了更多的专业 MCN 机构，目前短视频行业同类型机构已经超过 7000 家，它们专业探索关于短视频行业的下一步风向，从而孵化出迎合市场的高质量视频内容。

🎤 你问我答：什么是"MCN 机构"？ MCN 的全称是"Multi-Channel Network"，它是一种多频道网络的产品形态，将 PGC 内容联合起来，在资本的有力支持下，保障内容的持续输出，从而最终实现商业的稳定变现。而 PGC 是指专业生产内容。经由传统广电业者按照几乎与电视节目无异的方式进行制作，但在内容的传播层面，却必须按照互联网的传播特性进行调整。

2. 超强的可观性

相对于文字、图像内容，视频对于观众的冲击力更大，形成的记忆也更深刻。同时，观看视频不需要像阅读文字一样做太多思考，只需要被动接受内容即可，如此一来，久而久之，人们也就更乐意将短视频作为消磨闲暇时间的首选。

抖音、快手等短视频软件的火爆，重新定义了视频的长度，让原本冗长的视频变得越来越精简，可观看性也越来越强，这刚好满足了人们充分利用零碎时间的需求，因此短视频也越来越火爆。

3. 更多的互动

短视频由于其新鲜度较高，且软件本身的功能越来越完善，人们很方便地就可以对喜欢的视频进行点赞、评论、转发甚至翻拍，这大大加强了营销与被营销之间的互动性，也使得短视频更容易被人们接受。

视频内容越能够引发人们的共鸣，它获得的评论与点赞就越多，视频也就越火爆。正是这种视频与人的互动性，在不断地推动着短视频的发展。

4. 宽广的渠道

随着智能手机不断更新迭代，智能手机越来越普及，由此短视频的转发传播变得十分方便，转发平台也越来越多样化。除此之外，像公交车上的电视屏，网页中的广告浮窗，也都可以插入短视频内容。如此一来，短视频的推广渠道也越来越宽广。以抖音为例，其 APP 的转发界面如图 1-20 所示。

在图 1-20 中，能清楚地看到，抖音 APP 短视频的转发页面设计，其实一定程度上暗含鼓励观众转发、传播短视频的目的。它的转发操作十分简单，同时转发可选择的平台与途径也非常多。由此可见，其视频传播的渠道是非常广的。

图1-20　抖音的短视频转发界面

1.2.5　5G来了，短视频会怎样发展

5G 这个词很多年轻人已经耳熟能详，虽说它的时代还没有完全到来，但 5G 时代的到来是历史的必然。5G 一般指 5G 网络，即第五代移动通信网络。5G 与 4G 相比，它的峰值理论传输速度可达每 8 秒 1GB，比 4G 网络的传输速度快数百倍。

它最大的优势在于高速率、低时延、大容量。比如，理论上 5G 网速比 4G 快几倍，4G 虽说比起 3G 快了不少，但是在人口密集的地方网速还是会受影响，而在即将到来的 5G 时代，即便在密集的商业地区，网速也会更快、更稳定。

5G 网络具有高速率、低时延、大链接的特点。由于视频传播对网络速度的依赖程度更大，要求更高，随着 5G 时代的到来，网速的制约和限制也将逐步被破除，短视频更将直接受益于此，发生惊人的变化。

1. 万物互联，短视频全面爆发

5G 或将推动社会进入物联网时代，催生出万物互联的大环境。届时，短视频将会与更多应用场景进行融合，渗透更多领域，如智能家居、移动医疗等领域。这不仅拓宽了短视频行业的边界，也促进短视频与更多应用产业发生连接，给短视频行业带来更大的消费潜力和增长空间。

2. 超视频化形成 UGC 生态爆发

VR，全称为 Virtual Reality，又称灵境技术，是一项 20 世纪发展起来的全新的实用技术。VR 的基本实现方式是依靠计算机模拟虚拟环境，从而给人沉浸在真实环境中的感受。目前实现 VR 主要是通过 VR 设备，如 VR 眼镜。最新款的手机用 VR 眼镜，如图 1-21 所示。

图1-21　某品牌的VR眼镜

随着 5G 技术的升级，VR 的临场感、沉浸式的视听体验将得到加强，VR 的应用也将普及到更大范围。

据调查显示，2018 年 VR 市场规模超过 600 亿元，预计在 2020 年左右，VR 市场规模将超过 1600 亿元，而引发 VR 爆点的很可能就是 5G。5G 也会催生更多短视频的玩法，用户制作视频的门槛也会降低。

🎙 **知识加油站**　当前短视频内容的生产构成里，PGC 与 UGC 均是重要的组成部分。UGC 是指用户生成内容，即用户原创内容。5G 的到来将催生更多的个人短视频创作者，短视频的主要内容供给将向 UGC 偏移。除此之外，智能化的信息分发让行业重新洗牌，更多优质、垂直的内容也将以更为智能的方式和更快的速度抵达用户，随着人们对短视频的消费需求增高，优质的内容将会进一步凸显。

3. 搭建闭环式生态系统

目前短视频创作者的主要收入来源是：平台补贴、广告植入、电商营销、版权收入。在内容生产后，大多需要凭借平台作为中间媒介来进行发布和传播，与商业变现的联动性比较弱。变现也成为短视频领域繁荣景象下的一大痛点。

而当 5G 时代到来后，在物联网场景下，短视频的变现途径会更加丰富，商业空间也更为广阔，如图 1-22 所示。

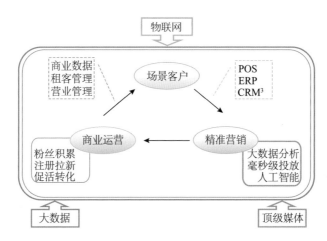

图1-22 物联网场景下的发展空间

事实上，很多头部机构已经开始从内容生产、分发、渠道、变现、支付等层面实现了连锁，其目的就是为了在时代浪潮来临的第一时间，抢占市场份额。

4. 短视频呈现出多极化趋势

5G技术支持视频行业在内容上的全面爆发，短视频领域也许将失去单一主流形式，呈现出多极化趋势，届时，短视频内容市场也将迎来百花齐放的时代。

当前用户已习惯碎片化观看手机，而5G能大大提高他们的沉浸感和参与感，或许5G时代到来后，沉浸式、体感设备可能对娱乐内容造成一定的分流。而在娱乐内容方面，用户能逐渐接受更完整、更有深度的内容，这可能导致部分短视频的长度会回到PGC的时代。这时，在线视频平台会重新涌入用户的视线，甚至重新占领在4G时代没能占领的高地。而被抢占市场份额的短视频，不得不打破以往形成的结构，寻求多方面的突破，以重新夺回其霸主地位。这时，短视频或主动或被迫地向多极化发展。

1.2.6 这些"地雷"不能踩

短视频行业的火爆被大众看在眼里，众多一夜爆红，一条短视频带来极高收益的案例被大家津津乐道。自然而然地，有更多人也想要借着这一阵风将自己送上青云，于是苦苦思索，怎样的短视频内容能在瞬间博人眼球？

但要知道，博人眼球不能"不择手段"。短视频内容拍摄并非毫无规则限制，有些"地雷"是万万不能踩的。在进行短视频拍摄时，要注意从法律、道德、平台规则三个方面避免"踩雷"。

1. 法律方面

短视频运营者在进行选题与内容策划时，千万不能触碰到法律的红线。即便是一些并非"大凶大恶"的行为，也可能是触犯国家法律法规的。如在视频中恶搞人民币，篡改国歌、国旗，或是穿警服或军装拍摄视频，等等。不通过平台审核是小事，为这些愚昧无知的行为承担相应的责任才是大事。

2. 道德方面

短视频行业的风气在发展过程中不断被净化，在早期，也曾出现过许多猎奇与"边缘化"的行为的短视频，由于现在的审核机制不断完善，这类视频已经完全不允许发布。新加入行业的运营者也要坚守道德底线，做到不发布涉及他人隐私的视频，不发布含有虚假消息，特别是含有未经验证的虚假病理知识，或治病偏方等。由于短视频的传播速度快、范围广，这类视频一经发出，可能造成十分严重的后果。

3. 平台规则方面

除了不能触碰道德与法律的底线，平台的规则也是不能轻易违反的，一旦违反可能导致权重降低或是封号的结果。不同平台的具体规则不尽相同，但是大致上都含有："不能营销、出现硬广和 LOGO""不能盗用他人短视频或含有水印"等，短视频创作者要坚持原创，输出高质量的视频内容。

大家最关心的问题

1. 哪个短视频平台更"赚钱"

想要进入短视频平台分一杯羹，光靠平台补贴是比较难养活自己的。想要达到理想的收入，可能需要通过短视频与电商、广告等结合的形式来获得收益。收益的高低取决于账号运营是否成功，以及所在平台的流量大小。

账号运营是每一位短视频从业者的必修课，而流量方面，目前各大短视频平台的流量大小或许存在差异，但是要做到让一位运营者变现，每个平台都绰绰有余。运营者应当先考虑自身特点与哪个平台的用户人群比较契合，如果没有明显地与哪个平台适配，可以优先考虑头条旗下的抖音、抖音火山版还有西瓜视频。

2. 未来短视频行业的发展方向

在未来，短视频或许会朝着以下三大方向发展演化。

（1）专业性

专业性短视频主要是指媒体资讯属性较强的短视频，这也是目前较为主流的短视频形态。专业性短视频后期的发展方向是专业性新闻内容生产，以全面、多元的内容吸引用户。

（2）社交性

社交性短视频主要是指娱乐属性较强的短视频，以快手为代表。社交性短视频平台的发展方向是凭借记录性的视频方式，让大量用户参与进来，以满足年轻群体的娱乐和社交需要。

（3）垂直性

垂直性短视频主要是指在新媒体平台中嵌入的短视频模块内容，这是短视频行业的另一发展方向，也是平台资讯形式发展的特点。短视频的信息补充作用也使平台内容变得更丰富、立体。

不能变现的 第2章 视频不是好视频

本章导读

　　短视频凭借其独特的产品特性，成功捕捉上亿用户的注意力，聚集了大量流量。而在火热的短视频市场外，许多人在"看热闹"的同时也跃跃欲试，想要在短视频市场中打拼出属于自己的一片天地。但正因身处行业外，人们对短视频仍是"雾里看花"，误以为只要自己"红"了，拥有了大量粉丝，自然就会有收益。

　　其实不然。虽说流量可以转化为收益，但流量并不等于收益。那么，要如何将流量转化成收益呢？可采用的方式方法主要有四个大类。

2.1　最简单直接的方式：广告合作

被称为"网红鼻祖"的 papi 酱，曾在 2016 年通过"逻辑思维"的运作，举行了视频贴片广告的招标会，最终其广告以 2200 万的高价被成功拍卖。这就是流量网红进行短视频变现最典型的案例。短视频变现的方式多种多样，最直接的一种就是广告合作，接下来介绍 5 种不同的广告形式。

2.1.1　冠名广告

冠名是一种特殊的广告形式，主要是指企业为了提升其产品的品牌知名度和影响力，而采取的一种阶段性宣传策略。冠名广告是广告中比较直接，甚至可以说是比较生硬的一种形式。

冠名广告大多数出现在电视节目中，常见于综艺节目。表现形式一般分为三种：片头标板、主持人口播以及字幕鸣谢。

片头标板是指在节目开始前出现"本节目由 ××× 冠名播出"的字样，主持人口播一般穿插在节目过程中。字幕鸣谢则通常出现在片尾，屏幕中会显示企业名称、LOGO，包括"特别鸣谢 ×××"也属于片尾冠名广告。一个典型的片头标板广告如图 2-1 所示。

冠名广告对于企业与短视频团队来说其实是一种双赢的合作形式，企业通过短视频的广告，达到品牌宣传与传播的目的，巩固了老用户，同时也吸引了新用户的加入。而对于短视频创作团队而言，不仅收获了长期的合作伙伴，还实现了盈利。

但目前来说，冠名广告由于其自身的特性，在短视频市场还是比较少见的，这一方面是由于冠名广告的投入资金比较大，企业在选择合作平台时慎之又慎；另一方面是由于冠名广告的表现形式比较直接，有影响力的短视频自媒体人一般倾向将冠名广告放置在短视频片尾，而这与企业想要扩大宣传的初衷相违背。

2.1.2　植入广告

植入广告是指把产品及其服务具有代表性的视听品牌符号，融入影视或舞台产品中，给观众留下印象，以达到营销目的。抖音号"多余和毛毛姐"是当下十分火爆的一个账号，它以精巧的剧情与搞笑的方言俘获了超过 3400 万粉丝的心。而"多余和毛毛姐"的植入广告也是做得非常不错的。比如，该账号曾发布过这样一段短视频，主题为多余与毛毛姐这对情侣，讨论今年是否回男友多余家过年。视频中，多余适时地将某购物平台的名字及其广告词，在与女友毛毛姐进行对话时，自然而然地说了出来，如图2-2所示。

图2-1　冠名广告　　　　　　　　　图2-2　植入广告

由于播主演技精湛，剧情设计巧妙，视频发布后获得了粉丝的好评，在评论区对于植入广告的发言也大多是调侃，因此这个植入广告的效果还是比较成功的。

植入式广告的种类各式各样，而在短视频中植入广告一般有两种形式：硬性植入与创意植入。硬性植入是指不加任何修饰地，将广告"简单粗暴"地植入视频之中，而创意植入则是指将短视频的内容、情节以不着痕迹的方式与广告融合在一起，让观众觉得自然，不突兀。显然，后者的宣传效果是明显优于前者的。

🎙知识加油站　在短视频领域中，广告植入的方式除了可以从"硬"广和"软"广的角度划分，还可以分为台词植入、剧情植入、场景植入、道具植入、奖品提供以及音效植入等植入方式。

2.1.3　贴片广告

贴片广告也叫"随片广告"，在电影院观看电影时，正片开始前，屏幕上播放的广告就是典型的贴片广告。贴片广告作为附加在正片前后的广告，其独特的优势如下所示。

- 明确到达。贴片广告是想要观看视频内容的必经之路，而观众在这类特定的环境中，只能先看完广告，再观看视频内容。这保证了广告信息的到达率。
- 传递高效。和电视广告相似度高，但信息比前者更为丰富，更富有吸引力，一定程度上传递效率更高。

- 互动性强。由于形式生动立体，互动性也更加有力。
- 成本较低。不需要投入过多的经费，播放率也较高。
- 可抗干扰。广告与内容之间不会插播其他无关内容。

由于贴片广告的表现形式比较直白，比较考验播主粉丝的忠诚度，所以目前在短视频中并不多见，只有流量与人气到达一定程度的"顶流网红"，才比较有把握接这种形式的广告。某短视频中的贴片广告如图2-3所示。

2.1.4　品牌广告

品牌广告一般是指以品牌为中心，为企业量身定做的专属广告。这种广告形式从品牌自身出发，以表达企业的品牌文化、理念为主旨。为了打动消费者，在消费者心中留下深刻的品牌印象，品牌广告一般会做得比较有内涵、有感情，力求自然、生动，创作难度较高，因此其制作费用相对较昂贵。

著名的自媒体平台"一条"就在抖音平台中创建了账号，并采用内容与品牌结合，软性广告植入的形式，销售自营商品。不过，"一条"在抖音APP中的平台策略更偏向于品牌推广，在抖音中，"一条"总共发布了超过300条短视频，但只有极少数视频与自营商品相关，其余大多数都是名人采访等内容，这类内容对于品牌推广的作用是显而易见的。目前"一条"的抖音号获赞数已经超过4800万，粉丝也已超过560万，如图2-4所示。

图2-3　贴片广告

图2-4　品牌广告

优秀的播主可以为自己制作品牌广告短视频，也可以为企业定制品牌广告，利用自己的特长演绎好品牌广告，实现双赢。

2.1.5　浮窗广告

浮窗广告是指在视频播放过程中，悬挂在画面中某一特定位置的LOGO或一句话广告。浮窗广告一般出现在视频画面的角落，常见于电视节目，但由于这种广告形式十分直白，可能导致影响观众的观看体验。

浮窗广告与贴片广告不同，只占用视频画面的一小部分位置，对LOGO的大小与广告词的篇幅也有一定的限制。作为一种巧妙的变现方式，浮窗广告拥有自己独特的优缺点。

- 优点。展现时间长；所占位置不大，不过分影响观众的视觉体验。
- 缺点。一般位于画面角落等位置，容易被忽视。

浮窗广告的优缺点具有两面性，二者相辅相成，但其本身不失为一种有效的变现方式。当短视频创作者对于变现有自己的考量时，可以选择这一方式。常见的浮窗广告如图2-5所示。

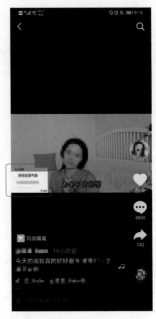

图2-5　浮窗广告

2.2　做做电商卖卖货

与广告合作相比，"电商+短视频"是广大观众更熟悉的一种短视频变现模式，大多数观众都有在短视频平台消费的经历。那么作为短视频播主，怎样利用"电商+短视频"这一形式来变现呢？一般可以通过自营、他营和社群三种渠道来进行。

2.2.1　自营：深挖卖点，做精做透

电商与短视频的结合有利于吸引庞大的流量，一方面短视频适合碎片化的信息接收方式，另一方面短视频展示商品更加直观、动感，更有说服力，因此不少经营着网店的店主，纷纷在抖音、快手等平台中开设了账号，利用短视频与直播推销自己店里的商品。

一般情况下，如果短视频播主推广的商品来源于自己经营的店铺，那么店铺名一般会与账号名相同或类似，这样可以强调店铺与播主的关联性，强化个人 IP。如抖音平台就允许播主开设"抖音小店"，在小店中，播主可陈列自己店里的商品，并在短视频中进行推广，如图2-6所示。

想要自营做得好，客户络绎不绝，就需要深挖产品的卖点，将每件产品都做精做透。比如某位播主在推销宠物专用气垫梳时，从价格、功能性、使用感受等多个方面对产品进行了展示，现身说法，深挖卖点，如图2-7所示。

图2-6　自营抖音小店

图2-7　抖音某播主多方面展示商品优点

2.2.2　他营：融入个性，展现特色

并不是每一个走"短视频＋电商"经营道路的个人或团队，都需要有自己的线上商城，与购物平台进行合作也是一种可行的途径，例如很多播主就与淘宝联盟合作，从淘宝联盟选择合适的商品进行推广，以"淘宝客"的身份赚取佣金。

在具体操作上，播主会制作含有商品推广内容的短视频，并在视频购物车或商品橱窗中放入对应商品的链接，甚至加入特别的优惠，这样一来，因为观看短视频而对商品产生兴趣的观众，就可以直接点按链接进行购买，如图2-8所示。

　　一款他营的商品可能在平台上存在着很多推广者，这是因为如果一款商品的推广佣金较高，而商品本身质量、功能与价格等都不错的话，自然会有很多播主同时选择对其进行推广。因此，如果想要在众多推广者中脱颖而出，取得良好的销售成绩，就需要播主摆脱同质化，将自己的个性融入推广视频中，并充分展现商品的特色，才能吸引消费者购买。

　　比如抖音号"灰尘男友"就是一个典型的例子。"灰尘男友"的视频内容都是关于恋爱方面男生内心活动的科普，在视频中，播主以"女生在恋爱中应当如何与男友相处"为主题，讲述了男生的真实想法，为女生们提供了正确的相处方式，之后引入女生可以为男朋友购买某款商品，让男生感受到来自女友的贴心支持，这种推广方式十分具有个性，融入了播主自身的特色，如图2-9所示。

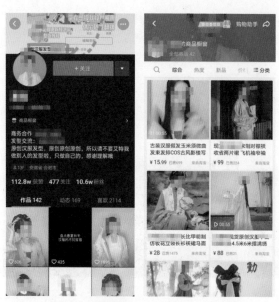

图2-8　某抖音播主商品橱窗中的他营商品　　　　图2-9　"灰尘男友"
个性化推广页面

🎙 **你问我答**：什么是"淘宝客"？淘宝客是指在卖家提供需要推广的商品到淘宝联盟后，为卖家进行商品推广，并在成交后从中赚取佣金的人。

2.2.3　引流：引粉入群，小圈卖货

　　除了自营与他营之外，还有一种卖货方式：社群卖货，即将粉丝从短视频平台引入社群，然后在群里集中卖货。这种方式有以下几个优点。

- 受众精准，成交率高：由于只有对营销短视频感兴趣的粉丝才会进群，因此群内的成员基本上都是播主的精准客户，对于播主的商品比较认可，成交率也因此相对较高；

- 受众稳定，便于管理：进群的粉丝是播主在运营账号期间积累的"老粉"，对于播主有一定的忠诚度。在第一次推广过后，可以持续运营同一社群，向受众推广其需要的其他商品；

- 推广成本小，有利于测款：在需要进行某款商品的小范围测试时，可以利用现有的社群来进行，这样可以节约推广成本；

- 反馈及时，便于调整经营策略：由于社群的自由性，运营方能及时地获得并处理用户的反馈，如此有利于运营方及时调整经营策略，维护社群的黏度。

比如很多做穿搭分享的播主，除了利用商品橱窗卖货外，偶尔也会进行小群卖货。在个人主页中，播主们会将自己的微信用巧妙的方式列出，引粉丝先添加播主的工作微信，然后再加入卖货微信群中，从而推广销售商品，如图2-10所示。

图2-10 抖音某播主的个人主页以及微信群卖货页面

🎙知识加油站 由于很多平台都不允许播主直接推广自己的微信号，因此播主们会把自己的微信号放在一个心形符号后面，或用其他同音字、字母代替微信二字。这样既不会被平台判定违规，也能让粉丝知道自己的微信号，从而起到引流的作用。

2.3 知识是无价的，也是有价的

知识付费与短视频都是近几年内容创业者比较关注的话题，同时也是短视频变现的一种新思路。两者的结合是一种新的突破，既可以让知识的价值得到体现，又可以使得短视频成功变现。

从内容上来看，付费的变现形式又可以分为两个大类：一种是短视频观看付费，包括教学课程收费，以及开通会员观看；另一种是对细分专业咨询进行付费，比如摄影、运营的技巧和方法。接下来笔者将逐一介绍这两种不同的方式。

2.3.1 付费观看的短视频

内容付费在我国短视频市场的发展仍处于初始阶段，最先运用内容付费的是在线视频软件，如爱奇艺、腾讯视频、哔哩哔哩等视频软件。

但随着短视频的迅速发展与普及，许多以知识学习为主要内容的付费视频，也在短视频行业打开了属于自己的市场。常用的模式是先"贩卖焦虑，制造需求"，表达学习必要性，然后"抛出优惠"。

比如，抖音中的某位播主，在短视频中先用一位身边朋友的亲身经历，引入学习投资的必要性，为用户"制造学习需求"，而后视频课堂的链接在画面下方适时地出现，感兴趣的用户点入链接后，就会跳转到购买课程的界面。在限时特价的优惠吸引以及播主刻意营造的消费氛围的共同作用下，用户很容易做出消费的行为，如图 2-11 所示。

图2-11　知识付费类引流段视频以及链接页面

目前短视频中的付费视频还是以教学课程收费为主，作为一种新兴的视频变现方式，它已被越来越多的观众接受。

付费教学课程的教学内容比之一般的教学视频更加专业，且具有精准的指向与较强的知识属性。同时，短视频的时长较短，这对于需要学习的观众来说，接收信息的时间不会过长，这是短视频知识变现的一大优势。但在另一方面，较短的时间又限制了教学内容的展示，使得其内容表达不够完全，这成为了阻碍知识付费发展道路上的一大障碍。所以，短视频创作者如果想要通过知识付费来达成变现，需要打开思维，寻求能击中观众痛点的内容与形式。

2.3.2 专业咨询类短视频

知识付费越发火热，是因为它符合了移动化生产消费的大趋势，也借了短视频发展的东风。而短视频作为一个全民使用的利器，也把知识付费的垂直细分领域——专业咨询类，带到了用户面前。

在过去，专业咨询对于普通大众来说，是门槛比较高的，甚至对于很多人来说，是不得其门而入的，民众愿意花钱咨询也找不到能解决问题的地方。而短视频就不一样了，以法律咨询行业为例，一部分运营者利用短视频的低门槛，开设账号，进行一些生活中能用到的法律知识讲解，同时提供免费专业咨询的网站链接，将用户引流到专业网站进行互动，视情况收费，完成转化，如图2-12所示。

图2-12 专业咨询类引流短视频以及链接页面

专业咨询针对性较强，在用户遇到一些无法依靠自身经验解决的问题时，它就成了刚需，而短视频则是专业咨询最佳的引流载体。依照目前短视频蓬勃发展的态势，会有越来越多的专业咨询行业加入其中，也许在不久的将来，各行各业对于用户而言，都会变得"触手可及"。

2.4 人气本身也能变现

短视频的变现方法除了上文提及的几种外，其实播主本身的人气也是可以变现的。人气是指播主的受欢迎程度，它最直接的判断指标就是播主的粉丝数量。当一个播主拥有大量的粉丝时，他 / 她的一举一动都会产生巨大的影响，这种影响可以以适当的方式变现。

人气变现一般有四种方式，即吸引粉丝打赏，赚取平台流量分成与平台资金补贴，如果人气达到了一定的程度，还可以通过吸引外部投资来进行变现。

2.4.1 吸引粉丝打赏

粉丝打赏通常是短视频人气变现中，最简单直接，同时也是收益最多的一种方式。目前可以直接在短视频中进行"打赏"的 APP，主要以抖音火山版为代表。

在抖音火山版的短视频页面中，除了点赞与评论外，还有一个火苗形状的图标，叫作"火苗打赏"，某播主发布的其中一个视频已经得到 6.1 万火苗，而其个人主页总火苗数为 40 万，如图 2-13 所示。

图2-13　某博主的单个视频火苗数以及总火苗数

对于播主而言，粉丝赠送的火苗可以转化为火力值，而火力值与播主的个人收益直接挂钩。在火苗成长计划中，用户可以通过访问，"关注"页面获得免费火苗，但免费火苗是有限的，想要获得更多的火苗就需要充值钻石进行兑换，所以在抖音火山版中，火苗其实就是用户对于播主的一种"打赏"。

火力值的具体计算方式是，10 火力值相当于 1 块钱。以图 2-13 为例，该主播的火力值为 40 万，那么其相对应的收益为 4 万元。当然，主播要提高收益，关键在于内容要有保障，也就是视频的质量、数量与更新频率都要维持较高的水平，才能赢得更多的火力值。

2.4.2　吸引外部投资

吸引外部投资也是短视频创作者人气变现的一种途径，创作者投资最早是由 papi 酱首吃螃蟹。作为自媒体的前辈"罗辑思维"联合徐小平，为 papi 酱投入了一笔资金，数额为 1200 万元。papi 酱奇迹般地从一个论文还没写完的研究生转变为身价上亿的短视频创作者，而这一切，仅仅用了不到半年的时间。papi 酱的抖音号，如图 2-14 所示。

投资的变现模式对创作者的要求很高，因此适用的对象也比较少，目前 papi 酱也是短视频行业的个例。但无论如何，投资也可以称得上是一种收益大、速度快的变现方式，只是难度较大，需要播主本人具有巨大的发展潜力。

图2-14　papi酱的抖音个人主页

大家最关心的问题

1. 如何走好"自媒体"的发展道路

在没有合适电商资源的情况下，拥有丰富创造力的播主可以选择走"自媒体"的道路。在自媒体道路上，比较典型的成功案例就是 papi 酱和谷阿莫了，这两位都曾是红极一时的"顶流网红"，他们的成功经验可以从以下四个方面进行借鉴。

（1）内容优质

优质的内容是获得用户的基础，无论是视频内容还是后期植入产品，都要保证其优质性，才能保障用户的黏度。

（2）权威平台

选择合适的平台进行入驻，往往能拥有强大的资源后盾，获得更强的推广力度。

但是要提前考虑平台与自身风格的匹配程度。

（3）社交助力

自媒体播主可以将自己的短视频在多个平台上发布，便于将自己的品牌与内容打造成社交话题，引发平台之间的广泛传播与热烈讨论，如此流量就会源源不断地涌来。

（4）名人效应

播主可以邀请网红名人或是其他名人进行合作，提升自己的知名度。合作可以以多种形式进行，例如在短视频中出镜等，利用名人的名气来快速提高播主的知名度，也是一种"捷径"。

2.播主与抖音平台如何分成

目前抖音最主要的收益是来源于其直播功能，在这个方面，个人播主的分成比例为30%，公会播主获得的分成比例会更高，大约在40%～50%。

其中，公会播主的分成来源于两大部分：固定分成与任务分成。其中，固定分成的比例在40%～45%，任务分成为0%～5%，分成比例总计在45%～50%之间，最高分成可达到50%。如果公会为了激励播主，放弃5%的服务费，理论上播主最高能够拿到55%的分成比例。

建议有条件的个人播主，可以通过加入公会来提高分成。但直播公会也有不同的级别，其中，S级别公会是分成比例最高的公会，但相对而言进入门槛也会更高。

短视频定位与策划就这几招

第3章

本章导读

　　古语云"谋定而后动"。在短视频发展如日中天的今天，想要进入竞争日益激烈的短视频行业，抢占第二波红利，不能头脑发热地拿起手机直接开始拍摄，而是要提前做好账号定位、受众定位，包括设置符合账号风格定位的头像、昵称等，做好定位后，再对账号的领域、方向、主题、内容等方面进行提前策划。做好了这些准备，才能让自己的短视频"有的放矢"，更加精准地投放到受众群体中。

3.1 多维度分析，确定短视频方向

方向比努力更重要，没有方向的努力是盲目的。在正式进入短视频拍摄前，个人或团体运营者应选好方向，科学地策划一条适合自身发展的道路。首先，应梳理个人特长与身边资源，与短视频内容进行有机结合；其次，选择适合的目标群体；最后，用短视频数据反复进行验证，以确保自己能按照计划进行发展。

3.1.1 自己是否有擅长的才艺

当大家观看短视频，对画面中主角出众的才艺或者手艺叹为观止的时候，是否曾想过："我是不是也可以展现自己的某项才艺来拍摄短视频呢？"心动往往是行动的第一步，对于短视频运营者来说，应从自身出发，思考和选择短视频内容，并对短视频进行初步定位。初步定位的考察因素如图3-1所示。

图3-1　短视频初步定位的三个考察因素

运营者应以这三个因素来进行考量，才能保证后期视频的质量与数量，特别是要注重特长与兴趣的结合，这与选择一份工作是同样的道理，特长能保证个人的能力与职位相匹配，而兴趣则是让人带着热情继续深造的持续动力。

当然，兴趣与特长兼而有之是理想的状况，但运营者在兴趣与特长中间有所偏重，并不会影响短视频后期的运营成果。

总而言之，在选择短视频内容方向时，切忌盲目跟风，什么"火"就拍什么。运营者如果只是一味跟风拍片，即使因为蹭到热点"火"起来，也会因为没有持续的高质量内容输出，而被观众忘却，从而无法跻身短视频时代的前沿。因此，运营者在选择短视频内容方向时，只有兼顾兴趣与特长，才能保证内容的持续输出，才可以避免半途而废，从而逐步收获粉丝，运营出流量大号。

3.1.2 周围是否有优质的货源

在确定好自身的兴趣与特长，拟定账号的初步方向与定位后，接下来就是确定周围是否有优质的货源，为后期带货变现做准备。对于没有电商经历的个人与团队来说，怎样寻找身边的货源渠道呢？可以从线下与线上两个渠道着手。

1. 线下渠道

线下渠道主要包括批发市场、工厂、品牌代理商，还有短视频运营者自己的货源，比如运营者本身就是电商经营者，想通过短视频来扩大营销。

（1）批发市场

批发市场是一种十分常见的传统线下进货渠道，在各地都有，比如义乌的小商品市场，株洲的南大门市场。寻找批发市场是寻找货源的最简单方法，但是很多运营者都会忽略它，而把目光转向商品的原产地。其实在电商发展初期，商品的销量一般不高，批发市场完全可以满足运营者的经营需求。

（2）工厂

众所周知，厂家是直接生产产品的地方，如果运营者能提前考察好产品质量，不需要经过批发商，省略了中间环节，直接从厂家处拿货进行销售，这不仅能保证产品的质量，降低了进货的成本，同时也可大大提高自身的利润空间。

但是运营者想要与厂家达成合作，并没有那么容易，这需要运营者具有一定的沟通协商能力。因为厂家对产品的起批数量有一定的门槛要求，如果运营者的批货数量低于这个门槛，产品就难以以批发价成交。个人或团队若没有足够的资金，想要与厂家达成合作，也会存在一定难度，所以运营者应根据自身情况，考虑是否选择这一渠道。

（3）品牌代理商

想要在电商方面做好做大的运营者，可以留意一下正规专卖店，并尝试着联系，如果能达成合作，将会是一个非常优质的货源，因为其品牌是真品，价格上又有优势，自然就能吸引观众购买。

不过，联系品牌经销商并不一定能达成合作。这是因为，如果想从品牌经销商处直接拿货，需要更大的进货量，而这种大的进货量并不是初级短视频运营者能"吃得下"的。越是大品牌，其价格折扣就越高，运营者真正的利润来源于在完成销售额后拿的返利。

如果是已经经营"短视频＋电商"模式一段时间的运营者，其店铺已经发展到一定规模，想走上正规化路线，那么品牌代理商将是个不错的选择。

（4）自己的货源

如若短视频运营者本身就拥有自己的货源，那么相对而言，进货的成本与积压风险会小很多。这种情况下，运营者的工作重点则在于如何策划具有超强"带货"能力的视频内容。

线下渠道相比线上而言，是较为传统的进货渠道，但它具有线上渠道所不具备的独特优点，如运营团队能直接与货源的负责人进行面对面交流，也能直接接触到货品，这样能保证货源更加稳定，货品质量也更有保障。以上四种线下渠道各自的优缺点，如图 3-2 所示。

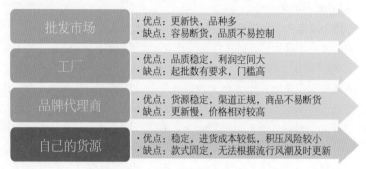

批发市场
- 优点：更新快，品种多
- 缺点：容易断货，品质不易控制

工厂
- 优点：品质稳定，利润空间大
- 缺点：起批数有要求，门槛高

品牌代理商
- 优点：货源稳定，渠道正规，商品不易断货
- 缺点：更新慢，价格相对较高

自己的货源
- 优点：稳定，进货成本较低，积压风险较小
- 缺点：款式固定，无法根据流行风潮及时更新

图3-2　四种线下渠道的优缺点一览

运营者可以结合自身情况，选择其中一个或多个。需要注意的是，运营者最好常备两条以上的进货渠道，这样万一其中一个渠道出现问题，还可以从其他的渠道进货。

2. 线上渠道

线上渠道主要包括阿里巴巴、天猫供销平台、代销式供应商。下面具体介绍不同渠道的情况与特点。

（1）阿里巴巴

阿里巴巴是大众知名度较高的进货平台，该平台货源相对稳定，且商品款式较多，可以为短视频运营者提供大量的商品进行甄别与挑选，很适合各类运营者进货。

（2）天猫供销平台

天猫供销平台的货源质量比较不错，但是运营者想去代理供销平台的货源，通常会有一定门槛，比如天猫供销平台对合作者的店铺等级以及后期销量中代理产品的价格销售区间均有要求，甚至规定详情页不能随意更改或替换模特图片，等等。

（3）代销式供应商

代销式供应商的特点是，由供货商提供图片及商品介绍，运营者只负责利用这些资料进行推广与售卖，成交后由供应商直接发货。对于新手来说，这种方式是个不错的选择，因为所有的商品资料都是齐全的，新手的工作就只剩下如何将产品更好地卖出去。

不过，在选择这种货源的时候，一定要提前考察供销商的信用和商品质量，否则在合作后期遇到纠纷，就会影响自己的商品销售以及信誉。

线上渠道与线下渠道相比，具有一定的优势，运营团队在身边不具备优质线下渠道时，可以根据自身实际情况进行选择，三种线上进货渠道的优缺点如图 3-3 所示。

图3-3 三种线上进货渠道的优缺点一览

在了解完寻找渠道的方式后，保障货源的品质成了运营者亟待解决的问题，毕竟要做"短视频+电商"，货品质量才是持续经营的根本。那么，如何判断货源是否优质呢？

运营者可以试着借鉴在阿里巴巴上找优质货源的方法，来判断货源的好坏，方法如下。

（1）看产品产地

如产品产地与运营者所在城市同属一地，或是距离不远，这样是最方便的，因为这样方便运营者线上看货线下拿货，产品的价格、质量、稳定性都较为可控。

（2）看供货商店铺风格

货源店铺的产品风格是否统一是鉴别货源优质与否的重要因素，如果货源店铺内的商品风格不统一，那么会给运营者对自身店铺进行风格定位带来难度。

模特也最好是统一的模特。如果货源店铺的模特不统一，有可能是因为其产品图片不是自己拍摄的，可能会影响到运营者后期自身店铺的图片操作。

（3）看代理产品价格

首先看进货成本，看产品质量与进货价是否对等。如若进货价虚高，不仅不利于盈利，还会影响前期资本回笼的周期。同时，需要科学统筹，在这个过程中单一地计算进货与卖货的利润是不够的，还必须要计算出短视频投入，包括前期经营、拍摄成本等方面的全部花费，从而保障自己销售的产品有足够的利润空间。

（4）看招商门槛与规则设置

优质货源的门槛要求可能会稍高，如要求店铺等级保底一钻等。遇到这种情况，运营者可以尝试换一种话术与对方沟通，比如表示觉得对方货源不错，想合作进行代理，等等。

除了对店铺等级有要求外，有的货源会收小部分代理费，如果运营者自身承受不了，可以寻找一些刚刚起步的商家，通常可以享受无门槛代理。

（5）看图片、详情页

在选择货源时，最好选择商品图片比较清晰的货源店铺，因为高清的图片才不会影响后期的转化率。运营者也可以联系厂家问问是否有原图，方便应对后期图片被投诉的情况。

除图片是否高清外，还应该关注详情页里的图片规范问题，看其细节卖点是否突出等，因为高质量的详情页可以提高前期转化率，让店铺较快地成长起来。

（6）看资质保障和服务

货源的资质保障和服务与运营者的自身利益息息相关，更好的官方资质保障、更全面的服务是运营者在相同条件下应优先考虑的因素。

3.1.3 目标群体是否与变现渠道相契合

优质货源的确定为短视频的变现提供了物质基础，物质基础确定之后，短视频运营者需要对变现渠道进行进一步核查，这方面的核查主要是将人与渠道联合起来，看看短视频定位的目标群体与变现渠道是否契合，这是关系着能否将粉丝以及陌生用户更多、很好地转化成消费者的根本问题。

不论是通过广告、电商卖货，还是知识付费进行变现，一个短视频账号一定会有自己特定的目标群体，而目标群体的人群主要与短视频的定位有关。例如，一个定位为育儿知识与经验分享的账号，其目标群体与可能的变现渠道如图 3-4 所示。

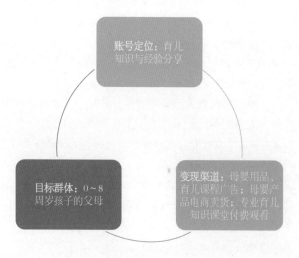

图3-4　育儿账号的目标群体及变现渠道

图 3-4 中的目标群体，即 0 ~ 8 周岁孩子的父母们，通常情况下是具有一定支付

能力的，他们愿意为了孩子的吃穿用度以及教育进行较大的花费，所以运营者不管是选择广告变现、电商卖货、知识付费，甚至是平台分成的变现道路，都能拥有大量具有消费能力的潜在客户。同时针对这一群体，产品定价可以比市场均价稍微偏高一点，一方面给人以产品因为高品质所以高价格的感觉，另一方面也有利于运营者寻找更大牌的合作方，以及提高自身的利润空间。

但并不是所有账号的目标群体都能适用于四种主流变现渠道，例如短视频APP中十分常见的，专注于女性服装穿搭分享的账号。这类账号的目标群体比较广，从比较年轻、支付能力较弱的大学生，到成熟的都市白领，甚至全职妈妈，年龄范围在17～35周岁的女性，都属于这类账号的目标群体。针对这类目标群体，可行的变现渠道有以下几个。

- 女装类广告。
- 服装类电商卖货。
- 通过人气进行平台分成或获得平台补贴。

综上，只要视频内容和形式策划得足够吸引人，在目标群体中获得较高的人气不是问题。

3.1.4　反复尝试，确定短视频方向

想要加入短视频大军的创业者以及创业团队一定要清楚一点，即短视频的方向并不是在确定后就"一条路走到黑"的，而是要"摸着石头过河"，在视频发布过程中，运营者应持续观察效果与反馈，不断对之进行调整与优化。

新手进入短视频行业的初期，想要获得立竿见影的效果是不可能的，一定会有一段漫长的积累期。在此期间，如账号收获的粉丝比较少，商品橱窗几乎无人问津，这类情况是十分正常的。短视频运营者无须在这时就进行方向调整。

在账号进入发展期时，短视频运营者可以通过第三方程序查看自己的粉丝情况。通常情况下，外部数据平台都会有账号的专属粉丝统计，比如男、女粉丝各占多少，年龄段主要分布在哪个区间。甚至在发布短视频的时候，发布者可以将即将发布的视频定向推送给某一特定年龄段的用户，或其他限定条件的用户。

🎙知识加油站　短视频运营者可以将粉丝画像与目标用户进行对比，二者差异越小，表明视频内容投放越成功，方向越正确。如果出现差异，应认真分析原因，进行对应的调整。

3.2　设计好自己的短视频名片

内容无疑是短视频的核心，是吸引粉丝的重点，但短视频的"名片"也不能被忽视。

短视频的"名片"指的是除视频内容以外的所有细节，包括账号名、LOGO、头像、视频标题。

3.2.1 短视频"名片"的作用

短视频的"名片"很大程度上会影响账号的形象风格定位，甚至会影响短视频的播放量。

粉丝在观看短视频后，如果对这一视频感兴趣，就会马上留意到视频作者的个人头像以及昵称，甚至进入短视频运营者的主页浏览。这时，如果短视频播主的个人主页十分精美，昵称有特色又有记忆点，签名也充分展现了短视频播主的个性，就很容易俘获观众的心，那么观众点击关注，成为其忠实粉丝几乎是板上钉钉了。

以抖音号"Reborn"为例，主人公是一个进藏区画画的女孩，其视频内容主要是记述自己关于画画的一些故事。"Reborn"的抖音主页如图 3-5 所示。

"Reborn"的个人主页十分吸引人，首先头像是主人公与画作的合照，画作新颖，主人公也十分美丽，和视频内容相得益彰。其次，"Reborn"的个性签名为"人无癖不交，笔不脏不画"，个性十足，有腔有调。最后，"Reborn"的主页背景也是一幅画，该画色彩强烈，笔触细腻，暗示了主人公的职业与日常。

图3-5　"Reborn"的抖音主页

"Reborn"的个人主页就是一张具有代表性的短视频"名片"，运营者通过这一系列的细节设置，让观众充分了解播主的个性及播主短视频的内容方向。那么如何设置一张与"Reborn"同样个性十足的短视频名片呢？这就要从昵称、头像、签名等方面入手了。

3.2.2 好听好记的昵称

账号名就像人的名字一样重要，好的姓名能让人遇到更好的外部机遇，而好的账号名能够体现产品价值，在一定程度上，可以降低传播成本，更容易被人们记住，其传播性也更强。

那么如何取一个好的，能够展现个性、易于传播还能脱颖而出的账号呢？取名可以从以下四个角度着手。

1. 简洁易记

在姓名中用复杂的字眼博得眼球，来加深记忆的时代已经过去了，现如今，账号名应该足够简洁，避免生僻的字与发音，便于记忆与书写。这样既便于用户记忆，还方便后期进行品牌植入与推广。例如抖音号"知了"，播主是一位相貌姣好的女模特，其视频内容主要是以剧情的方式来进行服装展示，达到卖货变现的目的。该账号直接用了"知了"二字作为账号昵称，简单明了又便于记忆。"知了"目前粉丝超过200万，其抖音主页如图3-6所示。

2. 谐音命名

谐音命名的重点在于体现创意与便于用户记忆联想。例如抖音号"浪胃仙"，就是典型的以谐音为昵称的账号。

"浪胃仙"作为一个美食自媒体账号，将知名零食"浪味仙"中的"味"，替换为同音字"胃"，既朗朗上口，便于观众记忆，又暗示了自身美食账号的属性，不得不说这一取名方式十分巧妙、高明。

图3-6　"知了"的抖音主页

3. 关键词定位

运营者在账号昵称中加入关键词，不仅可以增强人们对于账号的亲切感，还提示了账号的内容。这里的关键词，可以是地域名称，也可以是领域分类。

比如抖音号"横店西门吹雪"，这个账号中加入了关键词"横店"，该账号的内容大多是记录横店拍戏的搞笑花絮，既言明了地点，也借用横店影视城的特性，表明了账号的内容与影视拍摄有关。

以领域为关键词的账号，不得不提到抖音号"贫穷料理"，"贫穷料理"目前已经拥有超过2025万粉丝，"料理"点出视频内容，表明这是一个美食账号，而"贫穷"也加得十分巧妙，部分年轻月光族的自我嘲讽的标签之一就是"贫穷"，因此该账号名称在无形中拉近了与年轻人的距离。而在视频中，播主教大家制作的菜肴也都是十分亲民的家常菜，甚至还有播主在购买食材时与摊主"讨价还价"的画面，将"贫穷"二字展现得淋漓尽致，如图3-7所示。

图3-7　"贫穷料理"主人公大叔讨价还价的画面

4. 以数字命名

数字的特点是简洁易记，许多播主都会用数字来进行账号命名，这种命名方式十分巧妙，不仅吸引观众，还引导观众思考推敲这些数字所代表的含义。

如抖音号"彭十六 elf"，该账号的认证为抖音音乐人，播主是一位歌喉优美的高颜值女生。该账号直接用播主的姓氏加上数字十六，以及英文名，作为账号的名称，很容易就让观众记住了这个名字，抖音号"彭十六 elf"如图 3-8 所示。

图3-8　以数字命名的账号

3.2.3　符合定位的头像

头像是辨认账号的一大标志，头像甚至比昵称更能吸引用户的注意。并且好的头像能提升整个账号的格调，吸引更多粉丝。头像的选取需要符合两个原则，如图3-9所示。

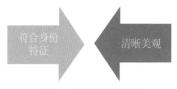

图3-9　头像选取原则

以下介绍几种富有代表性的头像选取方式，短视频运营者可以按照自身的需求进行选择或创新。

1. 真人头像

真人头像的好处是让用户可以直观地看到短视频主人公的形象，这在一定程度上拉近了视频运营者与用户的心理距离。例如，短视频账号"七舅脑爷"，以及"舒舒种草记"，都使用了真人头像，这有助于他们个人 IP 的打造，如图 3-10 所示。

特别是一些以美妆分享为主的账号，以一张美美的真人照片作为头像不仅利于个人 IP 的打造，也侧面进行了内容输出，呼应了短视频的主题。

2. 图文 LOGO 头像

图文 LOGO 头像，是指头像照片的内容仅仅包括 LOGO 与昵称，而不包含任何其他元素，账号"路人改造"其头像就是如此，如图 3-11 所示。

图3-10　真人头像账号　　　　图3-11　图文LOGO做头像的账号

图文 LOGO 做头像可以明确账号的短视频内容的方向，增强账号的辨识度，同时也有利于强化品牌形象。

3. 动漫角色头像

在短视频 APP 中，不乏以动漫为主要内容的账号，例如账号"一禅小和尚"，主人公一禅是一个聪明可爱的 6 岁小男孩。账号的主要内容是通过一禅与阿斗老和尚的对话来说明一个道理，其头像如图 3-12 所示。以运营的动漫内容中的角色作为头像，可以与短视频内容起到相互促进的作用，其营销效果更好。

4. 账号名头像

账号名头像与图文 LOGO 头像只有些许差别，它比图文 LOGO 头像更加直观，更加具有冲击力。通常情况下，用账号名做头像时，头像照片会使用纯色的背景，以突出账号名，达到强化 IP 的目的。例如账号"解梗词典"，其头像如图 3-13 所示。

5. 卡通头像

卡通头像通常情况下比较俏皮，风格偏搞怪，许多类型比较轻松的短视频账号，都会使用卡通头像，且一般是与自身视频内容比较相符的头像。如账号"iPanda 熊猫频道"，它的视频内容主要是关于大熊猫们的可爱日常，于是选取了一个熊猫的卡通图像作为头像，如图 3-14 所示。

图3-12 动漫角色做头像的账号　图3-13 账号名做头像的账号　图3-14 卡通头像账号

3.2.4 体现个性的签名

以抖音平台为例，个性签名就是账号主页中位于官方认证下面的一行由运营者编辑的，对于账号进行简单介绍的话语。以支付宝的抖音账号为例，其个性签名如图 3-15 所示。

图3-15 个性十足的支付宝签名

它的个性签名内容是"就是你们熟悉的那个支付宝"。这个签名个性十足，观众看到后可能会"扑哧"一声笑出来。个性签名如果都能做到这样的效果，是十分理想的。签名的撰写人十分聪明地利用了支付宝的广泛知名度，写出了属于它独一无二的个性签名。

从"支付宝"的账号签名案例中可以看到，个性十足的签名能够更好地留住观众。但设置签名也不是随心所欲的，需要遵循一定的规则。

（1）介绍为主

个性签名作为在短视频账号主页占有一席之地的栏目，具有独特的作用。其首要目的就是介绍账号，让用户了解账号的内容定位与运营者态度，并引导用户关注。

因此，运营者在设置个性签名时，可以结合自身账号的特色、作用、领域，从而展示出自己账号的亮点。这也是机构、企业、商家和一些自媒体人经常使用的方法，如图 3-16 所示。

个性签名除了介绍账号外，还可以引导用户关注账号，某添加了引导语的签名如图 3-17 所示。

图3-16 展现了账号涉及领域的签名

图3-17 引导用户关注的签名

（2）表达自身看法

个性签名的作用不仅是介绍账号，还可以借机表示播主的看法、观点和感悟，这也是个人抖音号使用较多的方法。在签名中表达感悟能充分展示个性，让用户了解自己，并吸引用户关注，如图3-18所示。

（3）注意敏感词汇

在设置签名时，部分账号为了吸引合作者以及更多用户关注，会将自己其他平台的账号也写在个性签名中，但其实这样往往违反了平台规则。签名中，最好不要出现"微信""微博"等词。如果运营者需要引导用户关注自己其他平台的账号，可以采用与"微信""微博"相近的同音词或字母代替，如"VX""围脖""WX"等词，或者用爱心的表情代表微信号，用围脖的表情暗示微博号，如图3-19所示。

图3-18　表达自身观点的签名

图3-19　规避"敏感词"的签名示例

3.2.5　凸显格调的个人背景

在各大短视频APP中，都会有一个"背景墙"位于个人主页的顶部，它是个人主页中，除了下方的作品栏目外，占面积最大的部分，也是最能凸显运营者格调的部分。

"背景墙"就像是个人主页的装修，不同类型的短视频运营者会装修出不同风格的"背景墙"，装修得当，就可以提升整个画面的档次，让观众直接感受到运营者的审美与定位。

个人背景的设置通常有以下几种不同的类型。

1.引导互动型

运营者在个人背景中添加一张带文字的图片，图上的文字能与观众发生互动，或是引导观众做出某种行为，这种个人背景类型叫作引导互动型。抖音账号"动静新闻""新闻快车"的个人背景，如图3-20所示。

图3-20 引导关注的个人背景

可以看到，"新闻快车"与"动静新闻"的背景中，一个写着"这个是啥你点下试试"，另一个写着"是谁这么优秀想要关注我"。这些都是引导观众关注账号的语句，并且背景图中还有一个大箭头，将观众的目光引向"关注"选项。当观众已经对于其视频内容具有一定兴趣后，看到个人主页中的这一部分，是很有可能直接关注账号的。这样的个人背景不仅平易近人，可以拉近与观众的距离，还能带来一定的粉丝转化率。

除此之外，抖音号"荣多威水果果园"的个人背景，则是典型的与观众进行互动，引导其关注账号并且下单商品的背景案例，其个人背景如图3-21所示。

图3-21 引导关注并下单的个人背景

2. IP 输出型

上文头像部分有提到，部分短视频运营者会将个人昵称与图文LOGO作为头像，用以强化个人IP，其实在个人背景设置中也有同样的做法，其作用仍然是强化个人

IP，加深观众的印象。抖音号"脱口秀""消费日报"的个人背景就是如此，如图3-22所示。

图3-22　IP输出型背景

如上图所示，"消费日报"的个人背景除了展示自己的昵称与LOGO，还展现了口号或者宗旨，这不仅仅是在打造IP，同时也是在进行品牌文化输出。观众在观看视频时，无形中就可以受到品牌文化熏陶，这就达到了IP输出的目的。

3. 卡通形象型

将卡通形象作为个人背景，不仅能增强账号的亲和力，还能无形中增强观众的互动欲，从而提高账号的关注率与评论数量。以抖音账号"四川观察"与"林都警讯"为例，其个人背景如图3-23所示。

图3-23　卡通形象型背景

作为具有公信力的官方媒体，为了让自身显得不那么"官方"，因此在背景中借助卡通形象拉近与观众间的心理距离，显得更加亲民。

4. 内容相关型

背景也可以成为账号的"注释"，在账号昵称与头像之外，更进一步地诠释视频的内容。以抖音号"廊坊消防政能量"为例，由于其视频内容主要与消防有关，于是运营者在背景中放置了一张与消防员工作有关的图片，图片很好地体现了消防员工作的艰辛，十分具有感染力，如图3-24中的左图所示。

很多时尚美妆类型的账号喜欢用内容相关型的背景，美妆播主的"招牌"就是自己精致的妆容，因此很多美妆播主会将自己比较出众的妆容照作为背景，如图3-24中的右图所示。除美妆账号外，以萌宠为视频内容的账号，也会以萌宠的照片作为主页背景。这样即便观众没有注意到账号的头像，背景也能将账号定位与视频内容传达给观众，观众们就可能出于对宠物的喜爱心理，加深对账号的好感度。

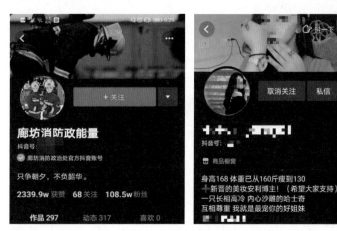

图3-24 内容相关型背景

5. 活动宣传型

背景在个人主页中是十分醒目的，所以短视频运营者可以考虑利用背景做一些活动推广。抖音账号"淘票票"就在这里进行了自家活动的推广，如图3-25所示。

6. 颜值取胜型

有些短视频账号，它们的运营者不在背景中添加引导关注的图片，也不添加与自身LOGO等相关的图片，不做"实用型"的装修，而是往"颜值型"道路上发展，他们的具体做法是在背景中放置一张赏心悦目的图片，其中的代表是抖音号"生活帮"，如图3-26所示。

"生活帮"是一个拥有超过470万粉丝的流量大号，其发布的视频大多与民众关心的时事新闻有关，涉及的话题比较正式，风格比较严肃。这样的账号用"求关注""装可爱"的背景是不符合自身形象定位的,所以用一张高颜值但无任何实际内容的背景图,是比较合适的。

图3-25　活动宣传型背景

图3-26　颜值取胜型背景

3.2.6　吸引目光的视频标题

短视频标题的质量对于提高播放量有较大的影响,有时甚至会因为标题的一字之差,而导致播放量截然不同。对于标题,运营者要精心打磨。

1. 好标题到底有什么意义

标题是播放量之源,标题不仅可以引导观众观看短视频,还可以在发布初期获得更多的流量推荐,甚至可以引起用户进行评论、点赞,增加短视频的热度。

（1）好标题具备社交属性

好的标题具备社交属性。例如,一段街头采访外国友人的短视频标题是"说!你们中国人是不是一直在瞒着我们歪果仁偷偷学武!"如图 3-27 所示。

图3-27　具备社交属性的标题

外国人以为中国人都会武功已经是一个历史悠久的有趣的误会了,最近,这个误会又在短视频潮流中被重新提起,几乎成了所有短视频用户耳熟能详的一个"梗"。这样的标题能引起大家的共鸣,让用户自觉转发传播,视频的播放量也自然而然提高了。

（2）好的标题能获取算法流量

推荐算法能精准获取用户的兴趣点，所以今日头条、美拍都采用推荐算法渠道，且越来越多的平台也开始采用这种方法。推荐算法渠道的基本流程如图 3-28 所示。

图3-28 推荐算法渠道的基本流程

由于机器算法对图文解析的优先级是高于视频图像的，所以获取推荐流量最直接有效的获取途径，就是好好拟定短视频的标题、描述、标签、分类等，运营者应将这部分内容作为策划的重心。另外，标题是内容的高度概括，在吸引用户点击的因素中占据很高的权重。

（3）好的标题引起用户行为

短视频的关键行为数据，即评论量、收藏量、完播率等方面的数据，在很大程度上也受到标题的影响。运营者需要掌握在标题中引导用户点击的能力，将两个标题对比分析的例子如图 3-29 所示。

图3-29 标题对比分析

相较之下，第一个标题因为语气更加强烈，且藏有悬念，所以更容易引导用户点击；而第二个标题相比第一个标题，语言较为平实，语气不那么强烈，更重要的是没有引人入胜的悬念设置。运营者拟定的标题应当尽量像第一个标题靠拢。

🎤 **你问我答**：什么是"推荐算法"？推荐算法是计算机专业中的一种算法，通过一些数学算法，推测出用户可能喜欢的东西，目前应用推荐算法比较多的主要是平台与APP，其中淘宝、今日头条做得比较好。

2. 拟标题的三大要点

通过研究标题的内容及平台运营的特点，这里总结出 3 个拟短视频标题的规则与要点，具体内容如下。

（1）明确受众标签

在视频发布前，运营者需要精准确定视频内容受众是哪些人群，通过增加人群标签提升代入感，由此可以提升相关用户的行为数据。人群标签类型十分丰富，可以利用的维度有很多，如职业、学校、年龄、身份、性别、爱好。例如，现在很多短视频会以"90后"作为标签，这就是典型的年龄标签。

（2）明确受众痛点

好的短视频不一定都能捕捉到受众的痛点，但捕捉了受众痛点的视频一定是好的短视频，其点赞量与评论量也一定不会太少。例如，一个专门分享买房知识的账号，其中一条短视频的标题为"七招让你的房子卖得更贵更快"，这条短视频获赞超过了32万，其原因在于，如今许多人买房，其目的并不仅仅是居住，也是为了投资，说不定在将来某个时间就会将房产出售。而这条短视频正是抓住了许多用户有打算在现在，或是不远的将来进行卖房行为的痛点。

（3）找到情绪的共鸣点

有情绪共鸣点的标题可以让观众感同身受，并且有代替一特定人群发声的作用，如从事某一职业或拥有某种特定身份的人群。例如，有条短视频的标题叫"珍惜和父亲相处的日子，说不定他哪天就把你给忘了"，如图3-30所示。

图3-30　情绪共鸣点短视频

这个标题是代替小孩子们发声，且视频的内容十分有趣：记者在街头随机采访带儿女出门的父亲，询问他们一些关于孩子的基本问题，例如：您的孩子读几年级了？您孩子的生日是什么时候？无一例外，"粗神经"的父亲们没有一个能回答出来，由于如此"不靠谱"的父亲完全不是个例，所以视频内容极大地引起了观众们的共鸣，同时也加强了视频的传播性。

3. 拟标题的步骤

拟出好的标题不是灵光一闪的神来之笔，而是有方法、有技巧的，下面讲述拟定标题的4个步骤。读者在阅读后，可以按步骤自行拟定几个标题来进行练习。

（1）确定标题的关键词

标题中有高流量的关键词，可以起到吸引观众眼球的作用，具体应用有两个方面：增加关键词和普通词升级，如图3-31所示。

图3-31 增加关键词与普通词升级

（2）确定标题的句式

标题使用不同句式，其表达效果是不同的，运营者在拟定标题句式时，可以使用一些小技巧提升标题的吸引力。

第一，多用短句，句式尽量多样化。短句节奏短促，就像是鼓点，可以很好地控制文字的节奏情绪。短视频的标题要合理断句，避免使用长句。除陈述句式外，多尝试疑问、反问、感叹、设问等句式，以引发用户思考，增强情绪代入感。例如小米手机的标题"一面是科技，一面是艺术"。这一标题由两个精简的短句组成，结合手机这一商品，"科技"强调了手机的技术含量，"艺术"暗示手机之外的卖点，表明手机运营商在手机的外观方面也下足了工夫。

第二，多用两段式和三段式标题。相比一段式标题，两段式和三段式标题能承载更多的内容，层层递进，表述更为清晰，如"方便面的四种新吃法，你肯定不知道，有一种一吃就爱上！""三种方法快速教你剥核桃！最后那个只需1秒！"等。

（3）标题字数适中

据"金秒奖"统计，短视频标题在20个字上下，标题长度与播放量会呈正相关，且标题长度在25～30个字时，视频的播放效果最好。当然，各渠道的标题最优字数不同，今日头条是10～20个字，美拍需要的字数则要多一些，抖音字数限制在55个字以内最好。

（4）优化标题

当一个标题的基本框架出来以后，运营者可以借助以下3种方式优化标题，具体操作方法如图3-32所示。

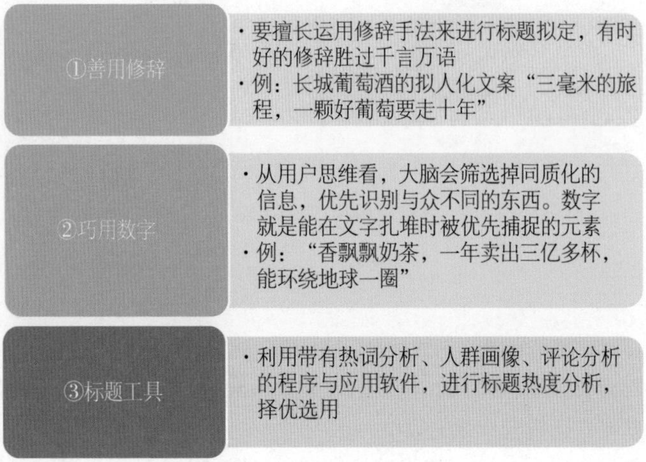

① 善用修辞
- 要擅长运用修辞手法来进行标题拟定，有时好的修辞胜过千言万语
- 例：长城葡萄酒的拟人化文案"三毫米的旅程，一颗好葡萄要走十年"

② 巧用数字
- 从用户思维看，大脑会筛选掉同质化的信息，优先识别与众不同的东西。数字就是能在文字扎堆时被优先捕捉的元素
- 例："香飘飘奶茶，一年卖出三亿多杯，能环绕地球一圈"

③ 标题工具
- 利用带有热词分析、人群画像、评论分析的程序与应用软件，进行标题热度分析，择优选用

图3-32　标题优化要素

3.2.7　方便推广视频的分类标签

在短视频平台中进行浏览，用户每天都会收到数以万计的标签化推荐信息。那么标签到底有什么含义呢？标签在短视频推荐中有什么作用？

1. 标签的意义

标签的意义对平台和用户而言是不同的。对平台而言，精确的标签就相当于进行用户画像，有助于命中算法逻辑，获取平台推荐，直达用户群体。

对用户而言，标签是用户搜索到短视频的一个通道。短视频下方一般会展示非常多的标签，用户可以通过这些标签，找到相应的短视频，这也是短视频非常重要的流量入口。

2. 如何设置标签

在发布短视频时，运营者要有技巧地设置标签，提升标签对于短视频热度的助推效果。下面讲述设置标签的5个要点。

（1）控制标签字数和数量

一般来讲，每个标签的字数限制在2～4个字，标签数量为3～5个为最佳。标签太少将不利于平台的推送和分发，标签太多则会淹没重点，错过核心粉丝群体。

以京东某科技产品的短视频为例，该视频的标签包含了"京东""智能音箱""人工智能""AI""高端科技"5个标签，涵盖了产品的属性分类、来源及视频的主题。标签数量恰好为5个，概述得也十分全面。

（2）核心要点精准化

在设置标签时，运营者要尽量挖掘短视频内容的核心要点，把视频最有价值、最具代表性的特性提炼出来，从而不断强化标签的认知度，并提升标签的价值。例如在发布美食类视频时，必然要使用与美食相关的标签，但是标签不能使用"美食"这类范围较大的词语，选择"蛋炒饭""蛋糕""凉皮""烧烤""川菜"这类范围更精确的词作为标签，会更合适。

（3）标签范畴合理化

标签的范畴要合理，既不能过于宽泛，又不宜过于细致。过于宽泛容易导致视频淹没在众多的竞争者中，过于细致会限制视频的用户群体，损失了大量的潜在用户。例如一条标题为"150斤梨形身材女孩早春穿搭"的视频，如果仅仅选用"150斤""早春"为标签，那么该账号容易损失掉很大一部分观众，更为合适的标签是"微胖""穿搭""梨形身材穿搭""早春"等等。

（4）标签内容相关化

许多视频为了"蹭热度"，会将热门标签强加在毫无关系的视频内容中，这样十分容易引起观众的反感。

因此标签的关键词一定要与视频内容相关，不能为了流量而强加标签。正确的标签通常包括与视频内容相关的关键词，与行业相关的关键词、品牌词，优先填写有搜索流量的关键词等。标签的相关性越高，越容易被感兴趣的目标人群搜索到，视频流量也就越高。

（5）热点追逐时效化

追踪热点事件是短视频运营者的基本功。各视频平台对热点话题都会有流量倾斜，如各大平台每到国庆节、开学季、中秋节等特定的节假日或时间点，都会推出对带有特点话题的内容给予推荐量加倍的短视频征集活动。设置标签也是一样，运营者将时间、热点要素加入标签内容中，其视频往往可以获取更多流量倾斜。

3.2.8 让人忍不住点击的封面

封面也叫头图，是用户第一眼看到的内容，所以它很大程度上会影响用户对视频的第一印象。好的封面可以在一瞬间让用户了解视频基本内容，也会在一定程度上增加视频的点击率。对于短视频运营者来说，视频封面设置应遵循以下技巧。

（1）与内容相关

短视频封面要和视频内容保持一致，且有较高的相关性，能让用户了解短视频的内容。例如账号"嘟嘟酱啊啊啊"，作为一个美妆分享类账号，它的封面十分统一，都是提炼本条视频的中心思想，如"被严重低估的老国货""10元内美妆神器""30

块白菜好物"等。这种播主加上视频标题的封面形式，既方便用户筛选，又能强化品牌输出，营销效果比较不错，如图 3-33 所示。

（2）坚持原创性

现如今，各大平台都在推崇原创。短视频原创要求播主个人或团队，对于短视频的各方面内容进行独立的策划。因此，在设置短视频封面时，运营者可以选取短视频内容的一帧作为封面图，也可以专门设计一个封面。但无论选择何种形式，都要遵循原创性的原则。

（3）无水印

封面图不能有水印，否则容易导致视频审核无法通过，即使侥幸通过，视频也不能获得推荐，无法获得高流量，这就与短视频运营者的初衷相违背了。

图3-33　"嘟嘟酱啊啊啊"的视频封面

3.3　针对受众心理需求策划短视频

众所周知，想要抓住用户的心就必须掌握其痛点，简单来说即受众需要什么，就给他们什么。只有创作出用户喜欢的内容，才能将用户转化为忠诚的粉丝，从而收获人气与热度，最终实现盈利。

3.3.1　受众喜欢什么，就给他们什么

"受众喜欢什么，就给他们什么"，这是短视频内容主策划的核心要点。受众之间虽说千差万别，但是通过对爆款内容进行梳理，可以将受众最喜爱的内容归纳成几个不同的类别，然后针对性地投放他们喜欢的视频。下面讲述九大受众喜爱的短视频主题。

3.3.2　追求轻松快乐：搞笑、吐槽

对于在快节奏生活中不停忙碌的现代人来说，在享受碎片化的休闲时间时，他们更希望能观赏到让自己放松、娱乐的内容。所以在受众喜爱的主题中，搞笑、吐槽类的主题总是排名靠前的，如图 3-34 所示。

不同类型短视频内容受用户欢迎程度统计

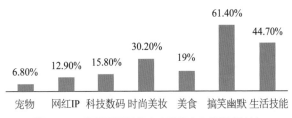

图3-34 不同类型短视频内容受用户欢迎程度统计

搞笑类型的短视频具有"跨年龄、跨性别"的特性，不同年龄、不同性别的用户都乐于观看、制作、分享这一类型的内容。

因此，专门产出这类内容的视频账号在短视频 APP 上数量众多，如抖音号"Adam 陈老丝"，播主是同济大学的硕士，因为在抖音上发布模仿不同国家的英文老师视频而走红，现在已经拥有超过 250 万粉丝，获赞超过 1800 万，如图 3-35 所示。

图3-35 搞笑内容的短视频

3.3.3 视觉印象：所有高颜值的人、物、景

无论时代怎样变化，"高颜值"永远是人们共同的视觉追求，不仅仅是人的容颜之美、山川之美、人文之美、甚至美食，都是古往今来的文人骚客乐于欣赏的，

对普通大众来说也是一样。短视频运营者应当充分利用这一心理，从人之美与事物之美两个方面分别进行短视频策划。

先说人之美，短视频播主应当注重自己的美好形象，外在条件无法改变，但妆容与造型都是可以进行提升的。运营者在这方面可以寻找专业的团队进行指导，或是学习专业课程，如果上述条件都不具备，也可以寻找一些关于美妆与搭配类的资讯进行学习，找到适合自己的风格妆容，并逐步提升。

从事物方面来说，运营者可以将本身的短视频内容进行"美化"。如果是旅游类的短视频，那么运营者可以好好学习摄影技术，找寻最能体现美景的角度与构图；如果是美食类型的短视频，那么运营者可以认真研究每一款美食的滤镜，让观众的观赏欲转化为口腹之欲，如图3-36所示。

图3-36　美食美景的短视频

3.3.4　好奇心与"八卦"心：揭秘、访谈、星闻

2017年末，姜思达的专访类短视频微综艺《透明人》获得了千万赞助，创造了当时短视频营销领域的最高纪录。《透明人》能获得如此高的赞助，除了姜思达个人品牌影响的助力，也与访谈类短视频这种新颖形式，在短时间内受到的高度关注分不开。

人都有好奇心与"八卦"心，所以观众对于公众人物们的成名经历、成功经验、个人感悟，甚至私人情感都十分关注，这种关注的形成，不仅是出于对公众人物的喜爱，也有希望了解关于自己感兴趣的行业的真实情况的原因。

访谈类节目正是向普通民众解构公众人物的最好途径，主持人通过言谈间的抽丝剥茧，将公众人物的真实形象展现在观众面前。除了访谈类节目，采用播主揭秘或是聊"星闻"的方式也可以收获类似的效果。

而今天，访谈类节目可以与短视频相结合，这种结合完美规避了访谈节目本身冗长、慢节奏的缺点，可以在短短 1 分钟内，提取访谈类节目最吸引人的部分，让观众在碎片化时间进行浏览，若观众感兴趣可以再进入完整版观看。抖音号"西瓜大人物"就是访谈类节目的"精华集锦"，如图 3-37 所示。

以"西瓜大人物"中一段采访吴君如的视频为例，视频上方有西瓜视频的LOGO 以及视频内容的概要，下方醒目处有"去西瓜看更多"的链接，观众点击后，即可进入西瓜视频的 APP 下载页面。该短视频已获超 5 万点赞，如图 3-38 所示。

图3-37　访谈类短视频

图3-38　访谈吴君如的短视频

3.3.5　自我增值：学习、健身、减肥

与纯粹观赏的内容不同，有一种类型的短视频它"干货"满满，让用户在轻松之余，还能学到有价值的知识或技巧。这类视频具有自身独特的存在价值——其他类型的

视频也许会随着时间的推移，在短视频市场的更新迭代、内容碰撞中慢慢变得无人问津，但能给用户带来自我增值的短视频却是能源远流长的。

专业知识学习、健身技巧分享、常识科普等视频，都属于自我增值类视频的范畴。目前进行这方面视频拍摄的短视频账号有很多，因此爆红的也不少，如果运营者能持续地进行结构化的知识内容输出，那么将自身账号打造成大 IP 也不是不可能的。

抖音号"邸南南"就是一个很好的例子，42 岁的主人公曾因左脚骨折，体重飙升至 171 斤，痊愈后依靠强大的自制力，4 个月减去 50 斤。"邸南南"的内容主要是分享健身的知识与技巧，目前拥有超过 40 万粉丝，获赞超过 96 万，如图 3-39 所示。

图3-39　自我增值短视频

3.3.6　解决问题：情感咨询、生活常识、实用技能

解决问题型的短视频与自我增值型的短视频具有一定的相似之处，技能与知识本就不分家，观众通过观看这两种类型的视频，都可以学习到知识或是解决身边的某个小问题。

解决问题型的视频内容包括了情感咨询、生活小常识以及实用技能等问题的解决方式，这类问题的解决技巧是用户在日常生活中，通过身边有限的渠道常难以获取的，比如某位男生对于套被子这种家务活不擅长，每次花很长时间都不得其法，怎么办呢？这时一般人会有两种选择：第一个选择是寻找身边人求助，即询问生活经验更丰富的朋友或长辈；第二个选择是直接在网上搜索"套被子的简便方法"。

显然第二个选择更加简便，特别是直接在短视频APP中搜索，可以直接找到"教学视频"，视频主人公会现场演示，避免了图文描述难懂的问题，如图3-40所示。

　　目前该视频已经获赞超过 22 万，该账号也拥有超过 20 万粉丝，由此可见，该视频和账号的受欢迎程度是不错的。除此之外，如"PS 技巧""如何辨别渣男""什么蔬菜不应该放冰箱贮存"等同类型的视频，也是短视频 APP 中的"爆款"。

3.3.7　心灵共鸣：正能量、爱暖萌

　　情感是触达人心的利器，特别是正能量的情感，它常能激励人们奋发向上，并鼓舞处于巨大生存压力下的年轻人持续前进。

图3-40　解决问题型短视频

　　许多短视频运营者把握到了这一用户心理，在短视频平台上发布十分正能量的视频，这些视频有"大"有"小"，"小"到路边店主免费为清洁工大妈提供午餐，"大"到国家强大的各方面展现，都在平台中迅速传播。观众们为这些内容点赞的同时，也很容易为短视频也留下点赞与评论，如图3-41所示。

图3-41　正能量的短视频

除正能量的短视频外，关于萌宠、萌娃的视频也能引起人们心灵的共鸣，并且对于"萌"的喜爱，是不分年龄段与性别的。设想观众在忙碌了一天后，满身疲惫，突然看到一只刚出生的可爱小猫咪，精神难道不会为之一振吗？萌宠类短视频如图 3-42 所示。

图3-42　萌宠类短视频

3.3.8　时尚流行：服饰介绍、化妆展示、好车推荐

年轻网民是我国广大网民群体中的主力军，他们思想开放，乐于接受新鲜事物，是追求时尚潮流的一代人。而作为潮流产物的短视频，其中一定不会缺乏与时尚相关的内容。

更显气质的服饰穿搭，更精美的妆容，更好的代步工具，都是 18～35 岁用户十分关注的内容，对于其他年龄段的用户也具有一定吸引力，毕竟观赏美是每个人的需求，打造美更是人类的深层次追求。因此，服装穿搭、美妆分享等类型的视频在短视频平台中占据了大片江山，在短视频消费中更是具有强大潜力，其中李佳琦的爆红就是最典型的代表。

时尚流行型短视频，除了对观众有强大的吸引力之外，带货能力更是一流。在服饰介绍与搭配的短视频中，时常可以看到视频下方的购物车，甚至在一些主题与服装并不相关的视频评论区，也能看到有观众留言询问某件衣服或某条裙子的购买渠道。美妆视频主人公在进行美妆技巧分享以及好物推荐时，商品橱窗中的化妆品一下售出几千件也已经不再是现象话题，如图 3-43 所示。

图3-43　时尚美妆类短视频

其他时尚分享，例如品牌轿车分享与推荐，虽然不会直接在短视频中售卖轿车，但是轿车中的其他相关物品，比如车垫、车载香水等，也能得到热卖。

3.3.9　生活娱乐：影评剧评、游戏解说、音乐欣赏、美食、旅游

在繁忙的生活间隙中，短视频作为紧跟时尚潮流的娱乐方式，其内容也跟上了大众娱乐的脚步，不管是时下热门的影视作品、游戏，还是流行的音乐、美食，在短视频作品中都能得到体现，同时，这类短视频的点赞量与评论量都很高。例如，许多短视频账号都在发布某卫视热播电视剧的片段节选，其中某条短视频获赞已超80 万，如图 3-44 所示。

除此之外，男性观众常聚集在游戏解说类视频区，因为在这些视频区中一般都会有很多游戏操作技术非常好的职业选手做游戏解说，观众们可以学到很多游戏操作技巧。不管是对某场游戏比赛进行场外解说，还是进行游戏推荐，快手都是短视频平台中游戏领域的高地，以快手的游戏解说号"辉哥游戏解说本人"为例，其已经拥有超过 123 万粉丝，如图 3-45 所示。

 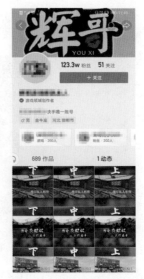

图3-44 影视作品相关短视频　　　　图3-45 游戏解说类短视频

在电子媒介越来越发达的今天，流行音乐的承载形式也从CD、VCD变成了音乐APP，不同种类的音乐节目也越来越多。但短视频其实是当代青年接收最新、最热音乐的主要渠道，其原因在于短视频的"病毒型传播方式"，短视频比一段带歌词的音乐更加"易感"，因此不管是音乐节目片段，还是歌曲盘点推荐，甚至是短视频配乐形式的短视频，都能在平台上迅速传播，收获极高的流量，如图3-46所示。

图3-46 流行音乐类短视频

盘点抖音某段时期最火音乐的视频，都有 200 万以上的点赞，由此足以见得音乐类视频的受欢迎程度有多高。

3.3.10 岁月静好：小清新、怀旧、格调与情调、美文朗读

每个人的心中都有一块净地，是凡尘俗世怎样都无法侵蚀的地方，在日常琐碎的生活中，大部分人只能为了"眼前的苟且"而拼搏，但在精神世界里，总会不自觉地寻找"诗与远方"。

在某一段不长不短的路程中，靠在公交车窗户上听一段悠扬的音乐，或是美文的朗读，内心像是暂时脱离了俗世一般平静，这是每个人都曾有过的经历。在鸡零狗碎中寻找岁月静好，是每个人的共同心理需求。短视频运营者也该抓住这一点。

抖音号"天天有诗"就是典型的"诗与远方"类型，它发布的每一段视频都是由专业、美妙的声音朗读经典的诗句与应景的视频画面组成。目前已经受到了超过83 万用户的关注，如图 3-47 所示。

图3-47 美文朗读类短视频

不同的短视频账号有着不同的风格定位，也对应着不同的受众。运营者在进行短视频创作时，应当细致分析受众的心理，模拟出其生活状态，了解他们最需要的是什么，容易受何种突发热点事件的影响，如此视频内容才能满足用户的需求，同时视频的点击量才会上升。

3.4 怎样让短视频具有感染力

运营者想要用短视频打动用户，就需要在视频中注入诚意与匠心，让短视频更具有感染力。这里将从领域垂直、视频细节、内容创新、人文情怀四个方面剖析如何让短视频更具感染力。

3.4.1 深度垂直于受众

垂直化这一概念在近几年十分流行，观众会在许多地方看到关于"垂直化管理""垂直化运营""垂直化打造"等等，实际上，垂直化是指将某一主体进行纵向的细分，在短视频领域中，垂直化表示将短视频内容划分得更细。根据第一财经商业数据中心的调查报告显示，垂直化正成为短视频内容生产的趋势。也就是说，现在的用户更愿为专业化、垂直化的内容买单，这决定了新一代短视频运营者的战略原则——垂直深耕。

目前，短视频行业迎来了精耕细作的时代，在这个时代下，短视频内容向纵深化、垂直化发展，这种趋势要求运营者关注产品形态，换句话来说，就是要专注于某一领域，为用户提供更深层次的知识吸收场景。这种深度垂直的短视频具有以下优势。

（1）受众精准

随着消费标准的转变，用户越来越重视群体归属、情感认同等价值，这意味着消费者将越来越多地在各自的"小圈子"内进行消费，追求圈内的文化认同与情感认同。爱好 Lolita 与 JK 制服的消费群体就是一个典型的例子。从这个角度看，深度垂直的短视频意味着"精准"，可以连接文化和消费两个维度，解决用户在专业知识需求、兴趣需求、消费升级需求等各方面的痛点。

（2）长尾效应

"长尾"这一概念是在 2004 年被提出的。以亚马逊网络书店为例，该网店图书销售额中的四分之一来自排名 10 万以外的书籍，且这些"冷门"书籍的销售比例正在高速成长，预估未来可占整个书市的一半，而这些排在 10 万名以后的书籍就是"长尾"。

而长尾效应是指，在市场中，零散小众的个性化商品需求的总和的市场占有量，可能会超过"爆品"的市场占有量，如图 3-48 所示。

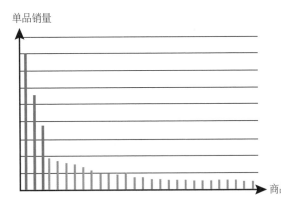

图3-48　长尾效应图

在图 **3-48** 中，红色表示爆款产品的市场占有量，蓝色表示"冷门"产品的市场占有量，而右边蓝色的占有量总和大于了红色，这就是长尾效果的表现，尾部的市场占有量可以超过头部。这一效应也从侧面告诫短视频运营者，找准垂直领域、细分用户群、抓好利基市场，才能做到单点聚焦、长线发展。

（3）易于变现

优质的垂直领域运营者能够专心做好内容，借助现成的平台进行发展，实现流量变现，达到获利目的。一些垂直领域的内容播主虽然粉丝基础不够强大，但他们可以结合社群进行变现，业绩惊人。如持续产出红酒相关内容的抖音账号"醉鹅娘"，该账号目前已发布超过 380 个红酒视频，并依靠着企鹅团大约 6000 位会员的持续消费，实现了年流水超 2500 万的业绩，如图 **3-49** 所示。

图3-49　"醉鹅娘"主页

那么如何做垂直领域呢？核心词就一个——"聚焦"。聚焦在三个方面的重点上，分别是目标人群、主题场景与生活方式。

■ 聚焦某类目标人群。做垂直领域最常见的方法是确定核心目标人群，通过直击该人群痛点的内容去吸引他们，再通过符合其特质的内容和调性增加用户黏性。例如，"美柚"的用户群体主要是年轻女性，"辣妈帮"的用户群体主要是"辣妈"。

■ 聚焦某类主题场景。运营者可以根据短视频用户的主题场景，进行纵深挖掘，在内容表达上，突出场景化并与此类消费者进行深度对话。例如，"keep"APP为无闲暇时间去到健身房锻炼身体的用户，提供在家健身的可能，并针对在家健身推出多套课程，主打的是在家徒手健身的主题场景，"办公室小野"瞄准了长时间泡在办公室的白领人群，提出在办公室制作美食的可能，输出办公室制作美食的相关内容，聚焦在办公室这一场景。

■ 聚焦某类生活方式。短视频除了要塑造品牌形象外，最好还能打造出一种让用户愿意追随的生活方式。以星巴克为例，它能在短时间内占领中国市场，旗下许多门店都座无虚席，不是因为咖啡卖得好，而是因为它塑造了一种令人追捧的生活方式。短视频运营者也应该打造这样一种理想的生活方式，将产品嵌入其中，做垂直化表达。

3.4.2　细节决定成败

都说"细节决定成败"，短视频行业也是如此。一个具有感染力的账号和一个难以打动观众的账号在定位上可能是类似的，甚至可能在短视频内容上也存在相似性，而造成二者巨大区别的原因很可能在于：内容细节是否生动。在短视频运营趋于成熟的情况下，大方向的运营方法大同小异，但是有些细节却不能忽视。

（1）标题简介和热门话题

标题和简介最好是视频内容的延伸，可以是小故事或者是反问的形式，要能引起讨论。此外，运营者还应时刻关注当下热门的话题或者本领域的热门话题，如图3-50所示。

（2）封面图

在短视频中，无论是账号封面图还是单个视频的封面图，都是十分重要的，封面图能够很好地引导粉丝筛选视频，并帮助他们精准寻找视频。除此之外，好的封面是十分美观的，能让人眼前一亮。例如抖音号"英雄联盟编年史"的封面图，就给粉丝带来了不一样的视觉享受，该账户目前已拥有近100万粉丝，如图3-51所示。

（3）与粉丝的互动率

粉丝可以说是自媒体人的"衣食父母"，自媒体人如果没有流量，是很难"火"起来的，所以运营者在发表视频之后，千万不要忽略与粉丝的互动，否则容易造成粉丝的流失，也就是说要把握好与粉丝之间的黏度。

（4）短视频内容中的细节

如果将短视频比喻为一棵树，那么主题就是树干，框架是树枝，细节是树叶，而树叶是判断一棵树是否健康的关键，因此短视频内容中的细节是十分重要的。

图3-50　话题细节

图3-51　封面图细节

细节可以增强短视频的表现力，调动观众的情绪，使人物更加丰满。在短视频中，细节包括了分镜、演员、配乐、字幕这些部分，其具体内容如下。

■　分镜作为表现故事的重要手段，对于"导演"有较高的要求。拍摄分镜需要"导演"有强大的宏观把控力，"导演"只有将景别、机位、镜头时间有机结合，才能呈现出一个有自身"气质"的短视频。

■　演员是短视频的重要组成部分，演员的演技、颜值、妆容、着装与饰演角色的气质是否相符，是十分重要的。

■　配乐是短视频不可或缺的一个部分，它决定着短视频的情感基调，好的配乐可以极大程度地让观众沉浸于视频内容中。

■　字幕是视频画面的重要组成内容，且字幕的字体一定要与视频风格相和谐。例如，视频内容如果是比较煽情的，就尽量不要使用太过活泼、可爱的字幕，否则很容易导致观众"出戏"。

3.4.3　拒绝同质化，创新才更受欢迎

同质化危机是任何行业以及品牌都十分惧怕的，因为在产品同质化的情况下，A企业与B企业生产的产品从本质上来说十分相似，这也就意味着两家企业的产品互为替代品，作为消费者不论是购买A企业还是B企业的产品，是没有太大差别的。换言之，同质化危机使得企业或平台失去了核心竞争力，也就失去了可持续发展的

根本动力。

在内容创作上，短视频运营者应当秉持"创新"的原则，输出有质量、有思想的好内容，来获得粉丝的钟爱，达到流量变现的目的。那么短视频运营者应该从哪些方面着手进行创新呢？

（1）从形式上进行创新

以电影解说类短视频为例，即便是同样的电影内容，也可以有许多种不同的展现方式。推荐一部电影最常见的表现形式，就是电影解说，运营者一般会将长达1小时的电影浓缩成3分钟进行讲解，这方面较典型是谷阿莫，如图3-52所示。

电影解说类视频，除了可以采用"N分钟看完某某电影"这样的形式，还可以采用"魔改剧本"的形式进行创作，抖音的"嘻咦啊看"就是如此。它以电影为蓝本，重新编写脚本，融入时下流行的网络段子，进行二次创作，让观众不仅看了电影，还听了播主创作的新故事。

（2）从内容上进行创新

vlog是从2019年开始在短视频平台盛行的一种视频模式，当时许多账号都因为拍摄vlog而大火。但vlog的新颖之处并不在于其拍摄手法，而在于它能真实地展现播主的日常内容以及生活感悟，让万千用户感同身受。

抖音号"朱佳航"定期产出与生活和工作相关的各种vlog短视频，展现了她的喜怒哀乐，该账号目前已经收获超过290万粉丝，如图3-53所示。

  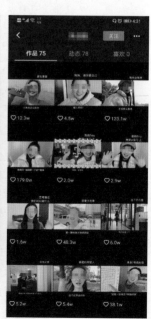

图3-52　形式上进行创新的播主　　　　图3-53　内容上进行创新的播主

vlog 只是一个内容创新的典型案例，现如今短视频的市场竞争越发激烈，播主要想在这样的竞争环境中，使得自己的视频脱颖而出，就应当学会观察生活，设身处地地考虑受众与普通大众的生活境遇，从而产出优质内容。

（3）打造属于自己的独特标签

在短视频平台发展日趋完善的同时，视频内容的同质化问题也越来越严重。在同一领域中，只有站在领域金字塔顶尖的内容，才能在同质化大潮中找到属于自己的用户画像来吸引粉丝，而他们吸引用户的绝技就是创新！例如抖音号"洛杉矶赢政 W"，就依靠创新，在竞争激烈的 vlog 领域中脱颖而出，两个月吸粉超过 200 万。该视频的创新之处在于，它在视频中自称"朕"，并用带有粤语、英语和日语口音的搞笑风格来配音，增加了视频的趣味性，从而获得了大批粉丝的关注，目前拥有超过 350 万的粉丝，如图 3-54 所示。

图3-54　拥有自己独特标签的播主

3.4.4　融入人文情怀，让视频变得有深度

短视频爆发式增长的阶段已然过去，早期市场中，比较"粗制滥造"，没有深度的内容已经被市场淘汰，取而代之的是更加专业化、人文化的内容慢慢走向大众。

这些部分融入人文情怀的内容，如一股清流注入原本浮华聒噪的短视频市场，让用户们渐渐发现短视频不仅仅是一个充斥着"快餐化"娱乐的平台，于是，用户内心深处对于传统文化的渴望，以及人文深度的追求渐渐觉醒。

越来越多的短视频运营者发现了用户的这一需求，他们做视频时不再只加入引人发笑的肤浅内容，而是开始进行深度转型，如抖音号"古法造纸第十九代传人"，其视频内容主要就是记录古法造纸的一些过程与步骤，运营者还在旁白中表达了自身对于传统文化没落的悲叹和对传统造纸技术的坚持，如图 3-55 所示。

该抖音号目前拥有超过 48 万粉丝，获赞超过 516 万，可见大众对于传统文化的关注程度，同时在视频评论中也可以明显看出，观众对于传统文化的支持以及赞美。许多平台都有类似的账号，他们都在用自己的方式，守护着中国的传统文化。

人文关怀不仅体现在展现的传统文化上，赞扬美好的品德、维护人性的尊严都可以展现人文关怀。总之，运营者在自己的视频中能体现出人性与道德之美即可。

图3-55　融入人文情怀的短视频

3.5　短视频策划中要注意什么

运营者需要对短视频进行一个框架式的整体策划，才能让接下来的具体内容创作不走歪路。整体策划主要包括主题的明确定位，高潮内容的节奏安排，短视频发布的节奏，与平台生态文化的融合等等。

3.5.1　主题定位须明确

用户之所以会选择关注某一短视频账号，无非是因为该账号的整体风格符合其口味，并且每一个短视频都是吸引其的选题，让其觉得十分有看点。其实这一思路也就道出了短视频策划的大致方向，即确定领域、选定方向，针对受众、明确主题。

（1）确定领域、选定方向

运营者首先应当确定自己想进入的领域，确定领域之后再明确短视频输出目的：到底是想通过短视频进行产品销售，还是打造个人IP，走自媒体道路。

在确定领域与方向时，运营者要斟酌自身擅长的短视频类型，包括自身更适合哪种类型。例如，有些播主颜值非常高，但是语言表现力不行，那么可以尝试将重点放在对播主妆容造型的打造上；如果播主演技不错，可以选择剧情类短视频。在账号运营到一定阶段后，在剧情内容中植入商品广告，进行带货。

（2）针对受众、明确主题

首先，短视频的选题一般由其受众类型决定，选题要基于受众的兴趣。例如"微胖女孩穿搭"账号受众一般是体重在 100 ～ 140 斤，年龄在 18 ～ 30 岁的女性，她们想看的内容常是"春天适合微胖女生穿的短裙""微胖女生要怎样搭配西装更显瘦""如何将 130 斤穿成 90 斤"。汽车知识类账号，受众一般是年龄在 20 ～ 45 岁的有车人士，或是正准备买车的人，那么他们想看的常是"首付十万能买什么好车""电动车与传统轿车到底有什么不同""新车上牌要注意什么"这样的内容，如图 3-56 所示。

图3-56　针对受众的短视频

其次，单个短视频的主题要鲜明突出，内容要生动有趣。在进行单个短视频的主题策划时，新手往往会犯同一个错误，就是想要表达的思想内容过多，导致主题不明确，结构不清晰。这时应该提炼自己的思想观点，将值得做成内容的部分进行罗列，选用近期较热门或是贴近时令的主题。

3.5.2　让用户快速进入内容高潮部分

在碎片化时间中进行浏览，用户往往难有足够的耐心看完每一个视频，更说不上花时间撰写评论了，因此运营者需要适度地把握短视频的节奏，才能吸引用户完成"停留——看完——点赞评论"三个步骤，保证视频的完播率。这需要做到下面几点。

（1）开门见山

短视频行业内有一个"黄金三秒"定律，它是指视频的前3秒已经决定了用户的去留。所以在短视频策划中，运营者需要在视频的前三秒，就抛出让用户不得不停留的"点"。

以美妆视频为例，许多美妆播主会运用"主题前置"的方式来留住可能对视频感兴趣的用户，具体方法是在视频开头运用人物、字幕与配音相结合的方式亮出主题，如图3-57所示。

（2）设悬念、造期待

人都有好奇心，运营者还可以利用这一点在短视频开头设置一个悬念，并且在之后通过剧情推进不断加深此悬念，致使用户从而始终保持观看的欲望。除此之外，还可以在音乐、人物、视觉、身份等方面营造期待感。

音乐期待。运营者在视频开头适当以音乐渲染情绪，可以起到吸引用户的作用。并且合适的背景音乐也是"爆款"的关键要素。例如某段音乐最近比较流行，运营者就可以利用这个热度来带动视频播放。

人物期待。真人出镜的视频里，用户的心理预期会因为人物类型不同而产生变化。但好看和新奇，能最大限度刺激用户的心理预期。比如观感上"好看"的人物、名气上有知名度的人物、造型上超出日常认知的人物、有新奇的特殊才艺的人物等，都会让用户产生对于人物的期待感。

视觉期待。眼睛是人类认识世界的主要感官，因此视觉刺激往往很容易激起用户的向往和好奇心。这一点体现在视频开头的画面设置，有两个关键要素，一是要"美"，二是要"新"。让美景和少见的画面作为视频开头，就会大大提高完播率。

身份期待。人们对与自己有关的内容，往往会格外关注，所以运营者可以适当地提及受众用户的身份标签，让观众有感同身受的代入感。因此，如果在视频开头提及受众人群的身份标签或者共同关注的话题，往往能成功引起用户兴趣。

（3）开篇高潮

电影时常开篇就制造一个"小高潮"，以此牢牢抓住观众的眼球。剧情类的短视频，虽然没有电影那么高的技术含量，但是在叙事结构上是类似的，开篇高潮的短视频如图3-58所示。

这个短视频在开头便道出，一位女生在30岁生日那天，与自己交往4年的男友分手了。看到这，一般观众都会觉得，这是一个悲伤的开头，毕竟在生日当天遭遇分手，是十分难过的，而这一故事的主角，不仅遭遇了分手，还是在30岁这样尴尬的年纪。这就是制造给观众的小高潮，让观众的情绪在一开始就被带动，到达一个峰值，之后观众便会对女生接下来的经历感到好奇，专心观看接下来的内容。

图3-57　开门见山的短视频

图3-58　开篇高潮的短视频

在故事的塑造上，为了能够叙事清楚，将情感最大化地表达给观众，时常需要经过一定的铺陈，但是太过具体的铺陈会使得剧情变得冗长，令人丧失观看兴趣。为了能够更加快速地进入高潮，对于故事的背景介绍，运营者可以采取在后续发展中进行倒叙或者闪回的方法。在开篇处直接进入时间发展的关键点，使观众欲罢不能，并且故事发展的节奏在开篇处也要尽量加快，从而调动起观者的情绪。

3.5.3　把握发布短视频的节奏

短视频发布的数量和频率也是非常关键的，短视频的更新数量越多，它的曝光概率就越大。通常情况下，行业"大V"平均每天都要更新5条视频，而大部分运营者都会保持每日更新或者每周更新。因此新手运营者的视频，最好保持每日更新或每周更新，并且这样做还会带来以下两个益处。

（1）培养用户习惯

短视频账号持续规律地输出内容，可以培养用户固定的观看习惯，从而增强用户黏性。当黏性足够强时，用户就慢慢具备了粉丝属性。如果账号不能持续输出内容，就容易被用户忘记。

（2）把握用户思维

互联网时代的竞争就是把握用户思维的竞争。短视频也一样，每个IP都在调整自己的内容和发布频率，尽力得到用户的认可。账号只有把握了用户的思维，才能扎根用户心中。

3.5.4 同短视频平台生态相融合

短视频平台生态这个词听起来十分高深，但简单来说就是不同短视频 APP 在发展过程中，由于其不同的功能设置以及受众，形成的、自身独特的"行为习惯"。

以抖音为例，在抖音 APP 中，除了常规的短视频内容发布之外，播主们都常常用到抖音直播、购物小黄车还有商品橱窗功能，这就是所谓的"视频＋直播＋电商"模式，这一模式也是当下最流行的模式，也造成了抖音独特的生态环境，最终形成了一条"一体化的生态链"。

入驻快手的播主，也许无法在快手采用抖音的模式，但可以自主摸索快手的受众需求、用户偏好、热门领域，然后总结快手播主们的成功经验，在快手的生态环境中"按图索骥"，从而传播出属于自己的独创内容，并不断成长。

3.5.5 考虑经费，适度而行

经费对于短视频的拍摄十分重要。对于初始团队或者个人来说，可能存在前期资金有限的情况。因此运营团队最好在拍摄时量力而行，在初始拍摄阶段，使用手机拍摄或者一些手机三脚架和手机稳定器这样的小道具辅助就可以。

如果手机满足不了视频的画质需求，可以考虑购置单反相机来拍摄。但是一台专业视频单反相机往往需要近万元的花费，同时需要搭配其他一些器材，投入比较大，因此这里建议小团队选择各大相机品牌相对的中端机型，节约出的经费可以用来购置如灯光设备、三脚架、专业稳定器、滑轨、收音话筒等辅助器材。除此之外，经费节约还需要注意以下几点。

（1）提前分配

在拍摄前期，策划者应当与拍摄者进行沟通，将需要进行支出的项目进行罗列并估算出大致花费，从而将本项目的经费，合理分配在必要的地方。同时，在有条件的情况下，拍摄时最好预留出备用金，以防拍摄过程中出现意外，无资金可用，边拍边计划是不可取的。

（2）适度节约

实际拍摄时，实际花费与预算一般会有出入。运营者在支付经费前，应当尽可能地与交易方沟通，从而节约经费和加强其余部分的风险承担力。

（3）账目分明

不管是个人还是团队，在发生工作支出时一定要记得索要票据，同时进行记录，务必做到账目分明，避免后续出现意外纠纷。这样也有利于运营者核算拍摄成本，为下一次拍摄工作累积经验。

大家最关心的问题

1. 如何及时追踪热点？

在实际运营过程中，短视频运营者只有选了热点关键词，才有可能获取不错的推荐量，而追踪热点可以通过以下 4 款工具。

（1）百度搜索风云榜

百度搜索风云榜以关键词为统计对象，以榜单的形式呈现出全民搜索排名。短视频运营者可以根据自身的目标人群及地域分布，来了解相关的热点和资讯，并根据搜索到的热点信息匹配短视频的内容。

（2）新浪微博热搜榜

新浪微博热搜榜，其内容板块包括 5 个部分，分别是热搜榜、话题榜、新时代、同城榜、好友搜。

（3）知微事见

知微事见是一个专注于热点事件、企业危机事件、营销事件的研究与分析的事件智库。它提供了全平台事件影响力指数、微信平台影响力指数、网媒平台影响力指数和近 30 天热点事件，并将这些内容以图表的形式体现，非常直观。

（4）抖音平台热搜

抖音平台热搜中包括热搜榜、视频榜，分别展示热搜话题、热搜视频等的排名。

2. 如何制作出爆款优质内容？

能够关注且解决用户需求，并能引发用户共鸣的内容就是优质内容。而优质内容一般具有以下 5 个特质。

（1）知识性

短视频市场内容日益丰富，用户对咨询专业类的短视频需求明显提升。用户越来越渴望从短视频中获取切实可用的知识，因此相对于普通娱乐性账号，用户更愿意关注可以传播专业知识的账号。

（2）娱乐性

娱乐性已经成为现代传媒的本质属性之一，大多数用户使用短视频 APP 都是为了放松，所以运营者可以在短视频中增加一些娱乐性内容，以带给用户轻松与欢乐。

（3）情感性

情感性是影响用户是否选择这个短视频的关键因素之一。用户往往会对那些可以激发出自己内心情感的短视频感兴趣，所以运营者在短视频中可以加入一些情感因素，如感动人的善举、激励人向上的话语等。

（4）创意性

创意性是影响用户是否选择这个短视频的又一关键因素。例如，短视频账号"陈连仁不容易"，该账号发布的短视频其实是在讽刺当今社会中一些不好的现象，如家庭暴力等，但是该短视频在讲述故事时，并没有直接痛斥家庭暴力中的施暴者。在关于家庭暴力的短视频中，叙述者在小区中偶遇楼下的年轻夫妇，看见老公正拿着擀面杖在追老婆，老婆边跑边喊救命，而这时，叙述者的内心独白是"我知道他们一定是在玩老鹰抓小鸡的游戏，于是走过去加入了他们"。运营者这样的设计将原本沉重的话题用轻松的方式展现出来，这样的巧思与创意吸引了众多粉丝的关注。

（5）鲜明的人设

鲜明稳定的人设能给用户留下深刻的印象，运营者也可以借助这个人设形成自己的标签。例如，抖音人气账号"代古拉K"主打甜美可爱路线，被网友称为"抖音最美笑容"。该账号的播主是一位笑容甜美的女生，不论短视频内容是舞蹈还是变装等，播主都会在短视频最后对镜头嫣然一笑，这个标志性的笑容也渐渐地成为了"代古拉K"的"固定片尾"。该账号目前已经发布超过280条短视频，播主的笑容已经俘获了超过2570万抖音用户的心。

拍摄前一定要知道的事 第4章

本章导读

　　在初步找准账号定位，策划好首个短视频内容后，拍摄就成了接下来最重要的工作。短视频团队要想拍摄一个优质的短视频，就必须做好前期的准备工作，这些工作包括硬件设备的选择、拍摄团队的组建、脚本的撰写、道具的运用等环节。本章就将从这些环节入手，介绍短视频拍摄前一定要知道的事。

4.1 这些器材不一定都能用上，但最好了解一下

俗话说"工欲善其事，必先利其器"，一个视频拍摄团队如果没有硬件技术的支持，是无法把富有创意的想法落到实处的。在短视频行业，播主可以通过各种各样的设备来实现拍摄目标，但不同的设备拍出来的效果自然是不同的，操作使用的难易程度也不同。本节将详细介绍拍摄短视频的各种设备，为不同需要的拍摄团队提供不同的选择。

4.1.1 适当使用器材，能提升拍摄质量

短视频的质量是其获得成功的关键，而巧妙地使用合适的拍摄器材，对提升拍摄质量百利而无一害。常见的拍摄器材有智能手机、DV、摄像机，此外还有一些辅助工具，如补光灯、麦克风、三脚架、自拍杆、滑轨、无人机，以及各种镜头。

4.1.2 手机：抖音、快手最方便

5G 时代即将到来，智能手机已然成为大众工作生活的必备物品，人们也越来越喜欢用手机来记录生活的点滴，因此智能手机的拍摄功能也越发强大。在这样的前提下，拍摄团队可以选择利用高清像素手机，搭配辅助拍摄工具来进行短视频拍摄。使用智能手机拍摄视频还具备如下 4 个优点。

1. 轻便易携

与众多专业拍摄设备相比，手机最大的优点就是轻便易携带。与手掌差不多的大小，方便携带，并且就算拍摄遇到电量不足的情况，播主也能轻松地找到便携设备进行充电。

2. 操作简单

与其他设备相较而言，手机可以说是操作最简单的智能设备了。"拍摄小白"们利用手机中的视频 APP 和一些带剪辑功能的 APP 就可以很方便地拍摄出一个不错的视频。

3. 一键分享

用手机拍摄、剪辑出的短视频，可以一键上传到短视频平台，不需要进行任何转存操作。如果拍摄团队利用其他拍摄设备进行短视频录制，在发布前往往都需要经过将视频传输到手机上的过程，直接用手机拍摄则省去了这一步骤。

4. 成果检验

手机与众多短视频设备相比，具有其他拍摄设备无法比拟的特殊性，它不仅是拍摄工具，更是后期用户观看视频的工具，所以拍摄团队可以直接用手机来检验拍摄成果，呈现的效果与用户观看的效果是最为相近的，更便于拍摄者进行调整与更改。

由于以上四大优点，通过智能手机拍摄短视频就成了短视频拍摄者的入门首选。某品牌主打摄影功能的智能手机，拍摄功能介绍如图4-1所示。

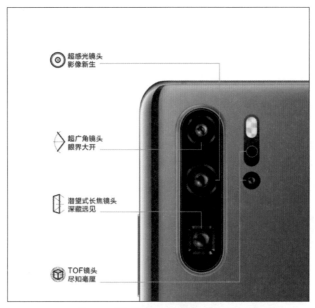

图4-1　某品牌手机的摄影功能介绍

用手机拍摄短视频是十分常见的操作，但手机型号不同，其拍摄功能、细节分辨率、尺寸也不尽相同，所以拍摄团队在选用手机拍摄视频之前，要提前做好相关功课。

4.1.3　DV、摄像机：拍出高分辨率视频

除手机之外，常用的视频拍摄道具还有摄像机。摄像机可以分为业务级摄像机和家用DV摄像机两种。

业务级摄像机属于专业水平的视频拍摄工具，常用于新闻采访或者会议等大型活动的拍摄。虽然它体型巨大，不如手机轻便易携，且拍摄者很难长时间手持或者肩扛，但是它的专业性是无可比拟的。

业务级摄像机具有独立的光圈、快门以及白平衡等设置，拍摄的画质清晰度很

高，且电池蓄电量大，可以长时间使用，自身散热能力也强，当然价格也比较贵。常见的业务级摄像机如图4-2所示。

因为业务级摄像机是专业的视频拍摄工具，所以拍摄团队在拍摄过程中还需要用到许多辅助工具，如摄像机电源、摄像机电缆、彩色监视器等工具。

图4-2　业务级摄像机

家用DV摄像机是专门为普通民众记录生活而设计的一款小型摄像机，它小巧方便，适合家庭旅游或者小型活动拍摄使用，其清晰度和稳定性都很高，对于拍摄者不会造成过大的负担。

家用DV的优点是，操作步骤十分简单，可以满足很多非专业人士的拍摄需求，对于新入行的拍摄者十分友好。并且其内部存储功能强大，可以支持长时间录制，创作者不用担心储存空间的问题，可以尽情拍摄素材，为后期剪辑提供更多可能。常见的家用DV如图4-3所示。

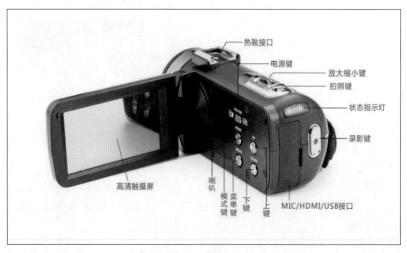

图4-3　家用DV

家用DV还可以外接广角镜头、麦克风，在功能上进行升级。此外，它还具有充电便捷、支持边充边录、WiFi传输等功能特点，对用户来说非常友好。

4.1.4　补光灯：调整光线就靠它

想要拍摄出画面精良的短视频，光线十分重要。不管是在室内进行录制，还是去室外拍摄路人采访、美食探店，光线控制一直都是一个难题。要想一步到位地解决光线问题，在预算有限的情况下，拍摄团队可以选择短视频"补光神器"——补光灯，进行辅助。

补光灯可以固定在拍摄机器上方，对拍摄主体进行光线补充，拍摄团队在移动机位进行拍摄时，就无须担心光源位置的改变。补光灯有多种形式，应用范围较广泛的是环形补光灯，如图4-4所示。

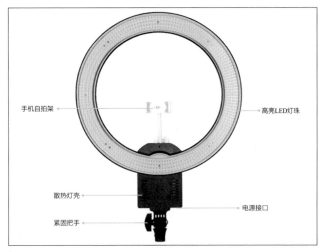

图4-4　环形补光灯

大多数情况下，短视频拍摄的主体都是人，而补光灯可以将播主拍摄得清晰又自然，为播主的上镜效果加分。同时，与普通光源相比，补光灯的光源位置不仅仅是一个点，因此它的光线不刺眼，能营造出更加自然的效果。

补光灯还能在人眼中形成"眼神光"，让播主上镜更加有神。播主若对补光灯的颜色不满意，或是室内光有一定的"色差"，可以通过调节补光灯的色温来搭配出满意的色温效果。

4.1.5　麦克风：高质音频的保证

想要追求高层次的短视频视听效果，拍摄团队不仅要在画面效果上花心思，还要在音频质量上下工夫。而麦克风是提升声音质量的专业工具，常见的麦克风如图4-5所示。

一般情况下，麦克风的音质都会比原拍摄设备好，同时它还有很好的适配性，可以与任意一种拍摄设备相结合。拍摄团队如果需要进行歌唱类的视频录制，就需要选用更加专业的麦克风，以保证成品效果。

不同场景的短视频应选用不同的麦克风，比如拍摄旅行花絮类的短视频，可以选用轻便易携带的指向性麦克风，它可以录入 1 米范围内的海浪声、风声和人声。拍摄街头采访类的短视频，

图4-5 麦克风

可以选用线控连接相机的话筒。拍摄带解说美食类的视频，可以选用无线领夹式麦克风，这类麦克风能有效降低环境声音干扰，突出人声，同时具有 100 米范围内无线录音的功能，为拍摄增加了很大的灵活性。其他类型的视频，拍摄团队可按照自身需要进行麦克风的选择。

4.1.6 三脚架与自拍杆：自拍者的福音

在短视频拍摄之初，播主可能没有专业的摄影师来帮助拍摄，只能自行录制短视频，这时拍摄设备如何保持稳定性就成了一个很大的问题。

三脚架与自拍杆很好地帮助播主解决了这个问题。当播主进行定点拍摄时，可以选用三脚架固定拍摄设备；进行动态拍摄时，可以用自拍杆来拉远拍摄距离，使画面容纳面积更大，具有更多种可能。

三脚架是一款用途广泛的辅助拍摄工具，无论是使用智能手机、单反相机，还是摄像机拍摄视频，都可以用它进行固定。常见的三脚架如图4-6所示。

图4-6 三脚架

三脚架的三只脚管形成了一个稳定的结构，与它自带的伸缩调节功能结合，可以将拍摄设备固定在任何理想的拍摄位置。

稳定性与轻便性，是选择三脚架的两个关键要素。制作三脚架的材质多种多样，较为轻便的材料制成的三脚架会更加便于携带，适合需要辗转不同地点进行拍摄的播主使用。在风力较大，或是放置底面不稳定的情况下，可以制作沙袋或是其他重

物捆绑固定三脚架，维护其稳定性。在固定场景拍摄短视频时，可以选用重量较大的三脚架。

除三脚架外，自拍杆也是短视频拍摄过程中常用的道具，它能够帮助创作者完成多角度的拍摄动作。常见的自拍杆如图4-7所示。

自拍杆相当于延长了拍摄者的手臂长度，将可拍摄的面积增大，但也由于其长度较长，拍摄者只能手持一端进行拍摄，所以较难保证画面稳定性。

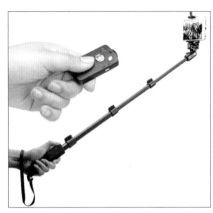

图4-7 自拍杆

🎙️知识加油站 拍摄者在选择自拍杆时，要注意自拍杆与拍摄设备的接口是否适配，如果不适配，很有可能会影响拍摄工作。

4.1.7 各种镜头：根据需要来选择

如果想要在画面中玩一些"小花样"，优化短视频的画面效果，或是让短视频具有冲击性的表现力，拍摄团队可以在智能手机上外接镜头，拍出与众不同的画面。常用的外接镜头一般有四种，分别是广角镜头、鱼眼镜头、微距镜头和长焦镜头。

1. 广角镜头

广角镜头可以在同一拍摄位置，利用镜头的变化将更多的拍摄范围纳入画面中，换言之，就是运用广角可以拍摄到更大范围的景物。目前，部分智能手机已自带广角拍摄功能，广角拍摄效果如图4-8所示。

图4-8 广角镜头拍摄效果（左图）与普通镜头拍摄效果（右图）的对比

从以上对比图中可以很明显地看出，广角镜头能容纳更多的拍摄内容。因为这一特性，广角拍摄被许多播主运用在旅行类短视频的拍摄中，以此来让视频画面显得更加广阔，给观者以更大的冲击感。

2. 鱼眼镜头

鱼眼镜头是广角镜头的一种"终极形态"。鱼眼镜头的视角为众多镜头之冠，它为了使镜头达到最大的摄影视角，将前镜片处理成直径很短，且呈抛物线状向镜头前部凸出，与鱼的眼睛颇为相似，因此得名"鱼眼"。

由于视角的差异，鱼眼镜头下的画面与人眼看到的画面具有很大的区别，这也导致用鱼眼镜头拍摄出的画面格外具有艺术感，如图 4-9 所示。

图4-9　鱼眼镜头拍摄效果

拍摄者可以利用鱼眼镜头呈现出一种怪诞、有趣的镜头风格，但使用这种镜头需要深思熟虑，并与适当的内容进行配合，否则鱼眼的大胆与新潮可能难以被普通观众所接受。

3. 微距镜头

微距镜头顾名思义是用来进行微距摄影的镜头。普通镜头难以对焦极细微的物体，但微距镜头却可以做到，因此它可以用来专门记录微小视角下的唯美世界。微距镜头下的事物如图 4-10 所示。

4. 长焦镜头

长焦镜头相当于望远镜，其特点是镜头视角小，缩短了景深，可以把远处的景物拉近，所以它的视野范围相对狭窄。

因为它的拍摄比较特殊，所以一般只有在拍摄远距离的物体，例如空中的滑翔伞、飞行器的情况下，拍摄团队才会用到长焦镜头。但一般进行这方面拍摄时，资深的拍

图4-10　微距镜头拍摄效果

摄团队可能会优先选用单反相机。

以上四种外接镜头，短视频拍摄团队可以根据自身需求进行选择，但要切记画面永远是为内容服务的，一定要在内容丰满的前提下，再进行画面与镜头的设计。

4.1.8 滑轨：稳定平滑移动镜头必备

由于摄影师在走动拍摄时，总是会造成画面抖动，以及画面移动不平滑的问题，因此，当需要拍摄稳定与平滑的移动镜头时，可以借助滑轨来实现。此处所说的滑轨，是指可固定在某一位置，供摄像机平稳地在轨道上移动进行拍摄的辅助拍摄工具。常见的摄像滑轨如图4-11所示。

图4-11　滑轨

4.1.9 无人机：拍出大片感

要说哪种拍摄工具最能拍出气势磅礴的大片感，那一定非无人机莫属。无人机最先应用在军事方面，后来慢慢普及到民用。在拍摄大面积的俯瞰场景时，应用无人机拍摄，可以达到理想的效果。常见的无人机如图4-12所示。

图4-12　无人机

在拍摄短视频方面，无人机很受旅行类播主的青睐。它具有视野大、广角拍摄、低噪声等特点。但无人机与其他拍摄设备相比，并不能随时随地想拍就拍，在拍摄时，需要先了解所在地区是否允许进行无人机飞行。很多地方是不允许无人机在上空飞行的，尤其是机场、军事管制区域以及其他一些禁飞区附近。

4.1.10　不要忽视器材的清洁与保养

作为拍摄团队"吃饭"的工具，拍摄短视频的器材一定要定期进行清洁与保养，但不宜太过频繁，以免对设备造成损伤。

镜头是最需要定期清洁的，它的质量直接影响到短视频的画面质量。清洁镜头需要专业的工具，如气吹、清洁液、清洁纸、镜头笔、细毛刷等，如图4-13所示。

图4-13　镜头清洁工具

三脚架虽然不如镜头那么"娇贵"，但也要注意保养，才能延长其使用寿命，如外出时不要将三脚架扛在肩上，遇到风沙天气或雨雪天气时，要记得把三脚架的重要部分用塑料布包裹起来。如果是碳纤维材质的脚架，应特别注意避免与尖锐物体相碰撞，同时可在不使用时，用医用凡士林擦拭其表面。如果是铝合金脚架，要谨记，若因为天气或是其他原因导致三脚架表面沾水，务必将脚管上的水自然风干，或是人为处理之后，再进行收合。

麦克风保养的重点是其保存环境，不建议拍摄者自己给麦克风做清洁，因为麦克风的声音质量取决于内部的振膜，没有一定的经验，贸然用生活用品清洁振膜不仅容易让灰尘附着其上，更容易损坏振膜。所以播主只需在干燥环境下，保存麦克风即可。

4.2　组建高效率的拍摄团队

拍摄团队是把控短视频画面质量的重要部门，即便是依照同一个脚本，不同的拍摄团队也会呈现出不同的效果。对于短视频新手而言，一支高效、有创意、高质的拍摄团队不仅是账号前期发展的助力，也是后期持续发展的保障。

4.2.1　单打独斗与团队作战哪个好

许多短视频创作者在刚入门时，都是自己一个人单打独斗，无法进行团队作战，拍摄效率自然不高；但是另一方面，这样的创作模式能让播主完全掌握拍摄方向与进程，确保最大限度地呈现自己需要的效果。

而团队的优势则是，在明确的分工下进行协作，效率比单独作战要高出不少，并且可以集合更多成员的智慧，为短视频的策划、拍摄等提供更多思路，制作出更高质量的短视频。

在有条件的情况下，播主应尽可能地组建一个拍摄团队，分工合作进行短视频拍摄制作。

4.2.2　团队中的几种分工

因为各自目标任务的不同，团队中会产生不同的分工。分工的基本方法为常见的"任务分解结构法"。

任务分解结构法，简称WBS，分为任务（Work）、分解（Breakdown）、结构（Structure）三个部分。其思路为，把项目目标分解成不同的任务，再将任务分解成一项项工作，之后把工作分配到每位团队成员的日常活动中，直到无法继续分解为止，即"目标→任务→工作→活动"的逻辑。

1. 任务

任务是指可以产生有形结果的工作任务，如短视频用户运营，可以间接带来种子用户的增长、点赞率的提升、评论数量的增加。

2. 分解

分解是将项目进行分解，按照"目标→任务→工作→活动"的逻辑层层细分下去，直到不能再分解为止。如果拍摄一条短视频是一个项目，那么这个项目的主要过程可以分为策划、制作、运营等任务，而策划又可以分解为内容、用户定位、竞品分析、搭建选题库等具体工作，其中搭建选题库又可以分为日常建立选题库、研究竞争对手选题库等活动。

3. 结构

结构是指以"相互独立，完全穷尽"为原则，坚持逻辑，保证拍摄团队中的每一项工作都涉及，没有遗漏。而反过来，将所有分工的结果组合起来，就是一条短视频从策划到产出的全过程。

作为一种新型团队，短视频拍摄团队的大致分工如图4-14所示。

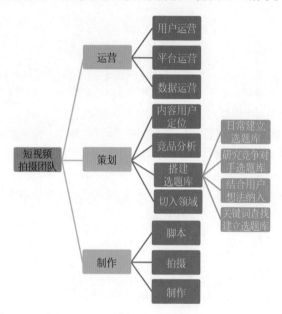

图4-14　短视频拍摄团队的分工

4.2.3　团队的一般工作流程

通常情况下，成规模的团队都会有其标准作业流程。标准作业流程是什么呢？以麦当劳为例，麦当劳在全球开设了3万家分店，却能保证每家店都是一样的口感，其中的秘诀就是麦当劳多达600页的标准作业程序。

简单来说，标准作业程序就是统一规范一件事的标准步骤，然后用这个步骤指导和规范重复出现的日常工作，简称SOP。短视频团队的标准作业流程如下。

1. 确定各任务组的职责范围

确定各任务组的职责范围，即把整个短视频工作组的内容进行整合，以WBS的原则进行分割细化，然后逐级分发任务。某短视频工作组的分工设置案例如表4-1所示。

表4-1　某短视频工作组的分工设置

短视频组分工				
组别	职责	成果	负责人	汇报人
策划组	搭建素材库	A类账号每周18个选题，B类账号每周6个选题	杨经理	粟经理
策划组	根据运营组的反馈改进选题与内容	每周列出改进方案	杨经理	粟经理
策划组	向制作组提出明确内容大纲	每周筛选选题库，向制作组提交大纲	杨经理	粟经理
运营组	多平台发布视频	平台运营方案优化	李组长	粟经理
运营组	视频数据分析、内容运营和用户运营	完成每月用户增长目标	李组长	粟经理
运营组	根据数据向策划组与制作组提出建议	每周列出改进建议方案	李组长	粟经理
制作组	按照策划组要求内容，完成短视频脚本	完成每周短视频计划	王组长	粟经理
制作组	拍摄、剪辑	A类账号每周6个选题，B类账号每周2个选题	王组长	粟经理
制作组	根据运营组的反馈，改进视频制作	每周列出改进方案	王组长	粟经理

2. 制订周/日工作计划

在制定完成短视频工作组的分工后，团队领导还应将分工的每一项内容分解到精细化、标准化的程度，落实到每周、每日。一个典型的短视频工作组的周/日工作计划如表4-2所示。

表4-2　短视频工作组的周/日计划

2020年5月第二周短视频组工作计划				周一	周二	周三	周四	周五	回顾	
									完成情况（%）	情况说明
优先级	组别	成果	任务内容							

3. 新人培养

短视频行业是新兴行业，团队领导很多时候需要自己带新人上手。要让新人达成标准，快速复制工作内容，有以下几点需要注意。

- 不断迭代SOP。为了将技术、经验固定下来，形成能够快速上手的执行标准，短视频团队的领导人除了建立SOP外，还需要不断更新，形成最高效的版本。

- 新人带教SOP。首先，团队领导可以对照工作SOP，讲解关键点和易错环节，再让新人用自己的话复述；其次，给新人可以模仿的案例，关键的地方演示给新人看；再次，请新人做一遍，观察过程中的问题；最后，对新人的表现给出即时反馈，指出改进空间。

■ 注重个人成长。员工是团队的最小作战单位，人才战略决定一个团队的成败。只有尊重员工，关注员工的个人成长和梦想，激发出最小作战单位的最大能动性，才能将团队的效能最大化。

4.2.4 几种供参考的团队配置

搭建短视频团队的重点，在于快速找到能够上手，或者有一定基础的人员。这个过程要依据具体情况，不断调整人员结构，才能达到一个最佳的人员配置组合。最常见的团队配置有豪华配置、经济配置、简易配置，具体选择哪种团队配置，团队要结合所处的阶段和具体情况而定。

1. 豪华配置

很多成熟的团队会采用比较豪华、完备的团队配置。这种团队每周视频产出量多，工作量大，可以进行明确的分工，有效把控每一个环节的质量。

豪华型团队主要由以下成员构成。

（1）导演。导演是统领全局的职能角色。短视频的主要风格、内容基调，以及每集内容的策划和脚本都需要导演把关，拍摄和剪辑环节也需要导演的参与。

（2）内容策划。内容策划人员负责选题库的储备，搜寻热点话题，进行题材的把控和脚本的编写。

（3）演员。演员需要上镜，符合人物形象，具备表现人物特点的能力。很多时候团队成员也可以充当演员的角色。

（4）摄影师。摄影师是非常关键的，一个好的摄影师能够降低剪辑成本。摄影师要善于运用镜头拍出优秀的视频，并且还要负责搭建影棚，把控拍摄风格和画面构图，设计镜头和采光。

（5）视频制作。视频制作人员负责把控整个短视频的节奏，前期参与策划，后期通过对短视频内容的剪辑来和观众进行沟通。

（6）其他。其他人员如灯光师、录音师，具体根据团队情况来设置。

🎙️**知识加油站** 从经济角度考虑，很多的职能团队都是可以复用的，即一位成员同时具有两项或两项以上的团队需要的技能，多招收这类成员，整个视频内容创作组所需的分工可以在人员尽可能精简的情况下健全，降低了人力成本。例如，运营人员除了做好手头的运营工作外，还有一项必修技能——剪辑。除此之外，团队中优秀的摄影师和编导一般都是全能型人才，也可以负责后期剪辑工作。

2. 经济配置

如果要在短视频团队中保留最关键的两个角色，那一定是内容策划和视频制作，在这两个角色之外再适度增加1～2人，就形成了短视频团队的经济型配置。这种配置适用于每周视频拍摄量比较少、要求相对较低的团队。因为人手少，分工自然就不明确，一人多角，这样才能维持整个短视频的运作。

（1）内容策划。内容策划的核心职能是脚本策划和镜头辅助，并且策划最好能充当演员角色，以减少演员人数。

（2）视频制作。视频制作需要全能型人才，来负责和视频内容相关的所有工作，包括策划镜头、脚本拍摄、剪辑、包装等工作，必要的时候还需要充当演员。

3. 简易配置

播主如果正处于刚刚入行的阶段，只能自己一个人单打独斗，就需要自我成长为一个全能型选手，能够胜任策划、拍摄、演绎、剪辑、包装、运营等各方面的工作。在短视频行业中，也有许多一个人"单打独斗"就把账号做起来的播主，例如，抖音号"坤哥玩花卉"，该账号的运营者是一个花卉栏目的记者，具有丰富的专业知识，对摄影也十分熟练，如图4-15所示。

图4-15　以简易配置进行运营的抖音账号

4.3　作为"导演"应知道的知识

导演作为短视频团队的灵魂人物，需要有极强的综合能力以及掌控全局的控制力，深入短视频工作的方方面面，优化最终成果的质量。

当然，也不是说每个团队都需要配置一名"导演"，而是说作为短视频团队的核心人物，一定要具有导演的基本知识，这些知识包括脚本、道具、画面比例、运镜、转场等方面。且读者在学习后也需要掌握脚本的基本类型，读懂脚本，了解视频拍摄的常用比例、分辨率，以及基本的运镜、转场类型等相关知识。

4.3.1 脚本：告诉大家镜头怎么拍的"说明书"

脚本与分镜，是短视频行业人员耳熟能详的专业术语，它们是一段短视频的主心骨，决定了整个视频的表达方式、艺术风格。写脚本、看脚本，往往很考验一个短视频导演的功力。

与传统的影视剧及长视频的脚本不同，短视频在镜头表达上会有很多局限，如时长、观影设备、观众心理期待等方面的局限。所以短视频脚本需要更密集的视觉、听觉和情绪刺激，并且要安排好剧情的节奏，保证视频在3秒内能抓住用户的眼球。

短视频脚本大致可分为三类：拍摄提纲、分镜头脚本和文学脚本。拍摄者可以根据拍摄内容选择脚本的类型。

1. 拍摄提纲

拍摄提纲就是短视频的拍摄要点，用来提示各种拍摄内容，适用于不容易预测拍摄内容的拍摄活动，如采访热门事件当事人拍摄提纲一般包括六个步骤，如图4-16所示。

图4-16　拍摄提纲六步骤

- 阐述选题。明确节目的选题、立意和创作方向，确定明确的创作目标。
- 阐述视角。呈现选题的角度和切入点。
- 阐述体裁。不同体裁的表现技巧、创作手法不同。
- 阐述调性。表明作品风格、画面、节奏，即作品构图如何，光线如何使用，作品节奏是轻快还是沉重。

- ■ 阐述内容。详细地呈现场景的转换、结构、视角和主题，提纲挈领地指导创作人员的后续工作。
- ■ 完善细节。把剪辑、音乐、解说、配音等内容都补充进去，使整个大纲更加完整。

下面是某活动的拍摄提纲。

《为山区孩子送知识、送爱心公益活动》拍摄提纲

（1）创作意图

山区孩子多为留守儿童，父母因为本地缺乏就业机会而外出打工，孩子们在生活上只能与年迈的爷爷奶奶相依为命，在学习上只能在希望学校中学习基本文化知识，无法得到更多的关心与爱护。

（2）记录对象

爱心志愿者小李：22岁的大学生志愿者，就读于某"985"高校，学习成绩优异，笑容灿烂，富有感染力。

山区孩子小姜：8岁，二年级，父母外出打工，与爷爷一起生活，腼腆。

（3）拍摄提纲

片头：展示山区的偏远，基础设施的落后。孩子们天没亮就起床做饭，上学走将近1小时的山路。

镜头A：记录爱心团队出发前的物资整理，小李与其他工作人员一起把物资搬上车，大家忙得满头大汗（近景）。

镜头B：记录小李在车行途中，手捧着预备等会儿上课用的教材与教案，进行上课的演练，表情认真（特写）。

镜头C：记录爱心团队到达教室，与孩子们进行友好交流，小李开始给孩子们上语文课的画面。

镜头D：记录小姜听课的神情，认真记笔记（特写）。

镜头E：小李下课后与孩子们打成一片，一起打篮球，孩子们开心的笑容（慢镜头）。

镜头F：小李与工作人员一起发放物资。

镜头G：对小姜的单独采访，上课与拿到物资的感受，小姜的感动（特写）。

（4）拍摄思路

本活动拍摄注重用人物的真实表情与动作体现情感，用客观的镜头记录爱心团队以及小李对待活动与孩子们的态度，记录小姜以及山区孩子们的真实生活状态，以及孩子们对爱心团队的质朴情感。

（5）其他工作

音乐：《虫儿飞》片尾音乐，用于慢放人物特写镜头时。

解说词：字幕（交代人物身份以及简单情况，如："小李 22 岁某'985'高校生"）。

片尾：部分精剪，配音乐，淡出。

2. 分镜头脚本

分镜头脚本与拍摄大纲不同，它不仅是前期拍摄的脚本，也是后期制作的依据，还可以作为视频长度和经费预算的参考。

分镜头脚本要求十分细致，包括每一个镜头的时长、景别、画面内容、演员动作、演员台词、配音、道具等各个方面。分镜脚本的每个分镜时长大约在 3～10 秒，而具体时长一般根据具体的情节来决定。

分镜头脚本如此的巨细无遗，编写起来自然是十分耗费创作团队的时间和心思的，但分镜头脚本的确能让拍摄变得更加高效，且帮助播主明确后期制作的具体内容，所以应加强对分镜头脚本的重视。

下面以《为山区孩子送知识、送爱心公益活动》片头的部分内容为例来展示分镜头脚本的写法，如表4-3所示。

表4-3　短视频分镜头脚本

镜号	时长（秒）	景别	技法	画面内容	字幕	道具	配乐	其他
1	2	全景	移	山区远景	这是今日爱心活动的地点	/	/	/
2	2	中景	切入 切出	小姜起床	（身份介绍）小姜，8岁，希望学校二年级学生；（实时时间）	小姜家中实景	/	/
3	1	近景	切入 切出	小姜刷牙	（实时时间）	小姜家中实景	/	/
4	2	中景	切入 切出	小姜站在灶台前炒菜，爷爷走过来往锅里添水	（实时时间）	小姜家中实景	/	/
5	4	中景	切入 切出	爷爷为小姜背上书包，小姜说台词，爷爷说台词	小姜：爷爷我上学去咯，你好生吃饭；爷爷：好，你认真读书	小姜家中实景	/	/
6	1	全景	切入 推 切出	爷爷背影，看着小姜走山路去上学	（实时时间）	/	/	/
7	2	全景	切入 切出	小姜在路上遇到同学，一路同行	（实时时间）	/	/	/
8	3	全景	切入 切出	孩子们涌入学校	（实时时间）	/	/	/

3. 文学脚本

文学脚本要求列出所有可控的拍摄思路。例如，"日食记"会通过文学脚本来展现短视频的调性，利用分镜头来把控节奏。

下面是一个简化形式的文学脚本场景。

（1）（画面淡入）全景摇拍车来车往的大街夜景，一个女子慌张地飞奔而过，边跑边回头看。

（2）（近景）路边警车内的两位警察，一个在打盹，一个在发呆。

（3）（特写）发呆的警察被飞奔而过的女子吸引了注意力，眼神随着女子逃跑的方向移动。

（4）（全景）警车迅速发动，往女子逃跑的方向驶去。

（5）（中景）原本打盹的警察瞬间清醒，戴好警帽。

短视频的脚本有多种不同的形式，脚本撰写人可以依照团队习惯进行选择，特别要留意摄影师的阅读习惯，因为脚本中的镜头设计大多由摄影师来进行实际转化，编写脚本的第一要义就是要便于摄影师理解。同时，脚本中除了要体现对话、场景演示、布景细节以及拍摄思路外，还有以下几点需要注意。

- 受众。受众是短视频创作的出发点与核心，创作者需要站在受众的角度，以"用户思维"作为一切创意的出发点。
- 情绪。与长视频不同，短视频时长更短，用户也"天生"欠缺观看的耐心，所以密集的情绪表达是不可或缺的。
- 细化。短视频就是用镜头语言讲故事，所以镜头的移动与切换、特效的使用、背景音乐的选择、字幕的嵌入等细节都需要一再细化，才能确保整个情景流畅，从而抓住受众心理。

4.3.2 道具：增加短视频的可看性

想要短视频的内容更具有可看性，道具的使用是必不可少的。适当使用道具可以增加视频的观赏性，增强用户记忆点，吸引更多的用户转化为粉丝。部分播主善于利用标志性的道具来增加视频的可看性，打造属于自己的独特标签。例如抖音号"金剪刀开箱"，就是使用"金剪刀"作为自己的标志性道具，并把它作为区别自身与同类型账号的标志，该账号目前已拥有超过 74 万粉丝，如图 4-17 所示。

除此之外，利用各种服装道具来进行宣传的播主也不在少数。例如年轻人比较喜欢的"cosplay"就非常受动漫迷欢迎，这类账号的典型代表是抖音号"cosplay 改造计划"，该账号利用各式各样的服装道具来吸引粉丝，现在已经拥有超过 130 万粉丝，如图 4-18 所示。

图 4-17　标志性道具运用

图4-18　服装道具运用

4.3.3　比例：4∶3还是16∶9

不同的视频比例对视频的观看有影响吗？答案显然易见，自然是有影响，但不同的视频平台对于视频比例的要求和喜好程度是不一样的。

在过去，我们比较熟悉的比例是宽屏的 4∶3 与 16∶9。

4∶3（即 1.33）是 SDTV 标清电视，即标准清晰度电视的画幅（Standard definition television），主要对应现有电视的分辨率量级，其图像质量为演播室水平。由于科技的发展和时代的变迁，4∶3 这种比例的视频已几乎消失在人们的视野当中，取而代之的是现在流行的 16∶9 的视频比例。

16∶9（即 1.78）是 HDTV，即高清晰度电视（High Definition Television）的画幅，图像质量可达到或接近 35mm 宽银幕电影的水平，也是现在绝大部分视频平台推荐的视频比例。如西瓜视频、哔哩哔哩、爱奇艺、腾讯视频、优酷视频等平台，都支持或推荐 16∶9 比例视频。

但在短视频市场中，以上两种比例已经不再适用，取而代之的是适应竖屏观看的比例——9∶16。当下十分流行的抖音、快手等短视频平台的推荐视频比例都是 9∶16，这种比例大大提高了观众用手机观看视频的体验。

此外，某些电商平台的主图视频比较特殊。例如，淘宝和拼多多的主图视频除了支持电商平台比较常见的 16∶9 和 1∶1 的视频比例，还支持 3∶4 这种比较有平台特色的视频比例，如图 4-19 所示。

图4-19　3∶4特色短视频比例

4.3.4　分辨率：与视频的清晰度息息相关

分辨率是指显示器或图像的精细程度，其尺寸单位用"像素"来表示。如分辨率为 640×480，则表示水平方向上有 640 个像素点，垂直方向上有 480 个像素点。

简单来说，分辨率的高低，决定着手机拍摄视频画面的清晰程度，分辨率越高，画面就会越清晰；反之，则越模糊。

那么，运营者在拍摄时应该如何设置分辨率呢？下面以华为手机为例进行介绍。打开手机摄像头后，点击"设置"按钮进入设置界面，再点击"分辨率"选项，进入子页面中进行设置，如图4-20所示。

图4-20　设置分辨率的具体操作

用手机拍摄短视频，分辨率的选择有很多种，主要分为480P、720P、1080P以及4K。不同分辨率的特点如下。

1. 480P标清分辨率

480P标清分辨率是如今视频中最为基础的分辨率。480表示垂直分辨率，简单来说就是垂直方向上有480条水平扫描线，P是Progressive Scan的缩写，代表逐行扫描。480P分辨率不管是在视频拍摄中，还是在观看视频中，都属于比较流畅、清晰度一般的分辨率，而且占据手机内存较小，在播放时，对网络方面的要求不是很高，即使在网络不是太好的情况下，480P分辨率的视频基本上也能正常播放。

2. 720P高清分辨率

720P的表达方式为HD720P，其常见分辨率为1280×720，而且使用该分辨率拍摄出来的视频声音，具有立体音的听觉效果，这一点是480P无法做到的。不管是视频拍摄者还是视频观众，如果对音效要求较高，都可以采取720P高清分辨率进行视频拍摄。

3. 1080P全高清分辨率

1080P全高清分辨率表示为FHD1080P，其中，FHD是Full High Definition的缩写，意为全高清。它比720P所能显示的画面清晰程度更胜一筹，自然而然对于手机内存和网络的要求也就更高。它延续了720P所具有的立体音功能,但画面效果更佳,其分辨率能达到1920×1080,在展现视频细节时,1080P有着相当大的优势。

4. 4K超高清分辨率

4K超高清分辨率在华为手机里的表示为UHD4K,UHD是Ultra High Definition的缩写,是FHD1080P的升级版,分辨率达到了3840×2160,是1080P的几倍。采用4K超高清拍摄出来的手机视频,不管是在画面清晰度还是在声音的展现上,都有着十分强大的表现力。

4.3.5　运镜:表现视角、远近与移动的手法

拍摄时,镜头的运动被称为运镜。运镜就像是镜头在说话,它把整个画面带动得更有活力,也牵动着观众的视角,推动着故事的发展。下面讲述几种常用的运镜技巧。

1. 推镜头

推镜头是一种最为常见的运镜技巧,是指拍摄主体的位置固定不动,镜头从全景或其他景位由远及近,向拍摄主体进行推进,逐渐推成近景或特写的镜头,这种镜头在实际拍摄中主要用于描写细节、突出主体、制造悬念等。例如,抖音号"XSFAN李政霖"在珠穆朗玛峰拍摄的一段短视频中,就用推镜头的方式,将画面主体从人物慢慢转移到远处的雪山,如图4-21所示。

图4-21　推镜头的拍摄画面

2. 拉镜头

拉镜头的拍摄手法恰恰与推镜头相反,拉镜头是指拍摄主体不动,构图由小景

别向大景别过渡，镜头从特写或近景开始，逐渐变化到全景或远景，视觉上会容纳更大的信息，同时营造一种远离主体的效果，给观众场景更为宏大的感受。例如，抖音账号"牛肉夫妻出逃记"在拍摄川西的短视频中，就运用了拉镜头的方式展示拍摄地的自然风光，如图4-22所示。

图4-22　拉镜头的拍摄画面

3. 跟镜头

跟镜头与大家常说的跟拍差不多，拍摄主体的状态为运动状态，镜头跟随其运动方式一起移动。跟镜头在实际运用中，能全方位地展现被拍摄主体的动作、表情，以及运动方向。

4. 摇镜头

摇镜头是指镜头跟着被拍摄物的移动进行拍摄，脚本中时常提到的"全景摇"就是指用摇镜头的手法，拍摄全景。摇镜头常用于介绍故事环境，或侧面突出人物行动的意义和目的。它与其他拍摄技巧的区别在于摇镜头拍摄时，镜头相当于人的头部在看四周的风景，但是头的位置不变。

5. 移镜头

移镜头是指镜头沿水平面做各个方向的移动拍摄，便于展现拍摄主体的不同角度。例如，抖音账号"XSFAN 李政霖"拍摄崇圣寺三塔的短视频时，就用了移镜头的方式，从不同角度展示了崇圣寺三塔以及大理风光，如图4-23所示。

6. 升降镜头

升降镜头分为升镜头和降镜头两种不同手法。升镜头是指镜头做上升运动，甚至形成俯视拍摄，这时画面中是十分广阔的地面空间，效果十分恢弘。降镜头是指镜头在升降机上做下降运动进行拍摄，多用于拍摄较为宏大的场面，以营造气势。

7. 悬空镜头

悬空镜头是指摄影机在物体上空移动拍摄时用的镜头，拍摄团队如果用这种镜头拍摄，一般会产生史诗般恢宏的画面效果。抖音账号"国家地理"，在拍摄阿尔卑斯雪山的短视频时，就采用了悬空镜头，营造出雪山绵延无边的空旷感，也衬托出物体的渺小，如图4-24所示。

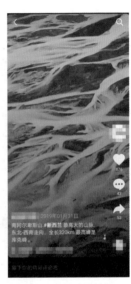

| 图4-23 移镜头的拍摄画面 | 图4-24 悬空镜头的拍摄画面 |

4.3.6 转场：两个场景之间的切换效果

一个几十秒的短视频，可能由十几个甚至几十个分镜头组成，而镜头之间的场景切换十分影响观众的感官效果，转场就是场景或段落之间的切换。纯熟的转场能增加短视频的连贯性。转场分为两种类型，分别是无技巧转场和技巧转场，下面将分别进行介绍。

1. 无技巧转场

无技巧转场是用镜头自然过渡的方式来连接上下两段内容，转场时没有任何特效，强调视觉的连续性。拍摄团队运用无技巧转场时要注意寻找合理的转换因素。无技巧转场的方式有很多，本小节将介绍几种最常用的转场方式。

（1）空镜头转场

空镜头是指没有人物出现的镜头，一般作为剧情之间的衔接以及渲染气氛的画面出现，是非常经典的转场镜头。

（2）声音转场

声音转场是利用声音过渡的和谐性自然转换到下一画面，常用音乐、解说词、对白等方式，结合画面进行转场，在向观众总结上半部分的同时，对下半部分展开过渡，十分自然。

（3）特写转场

特写转场是运用比较多的一种转场方式，它的运用范围很广泛，在各个类型的视频中，特写转场都不会显得很突兀。无论上一个镜头的结束是何种景别，下一个镜头都可以从特写开始，对拍摄主体进行突出强调和放大，如图 4-25 所示。

图4-25　特写转场

在图 4-25 的短视频中，前一个镜头的最后部分如左图所示，是播主在向手机智能助手询问今日天气，下一个镜头开场如右图所示，用手机的特写镜头进行转场衔接，观众可以明显看到手机智能助理已经给出了关于天气的回答。

（4）主观镜头转场

主观镜头转场是指依照人物的视觉方向，进行镜头的转场。这样的镜头能给观众一种很强的代入感，仿佛自己就是视频中的主人公，正在观看他／她所观看的对象。例如，上一个镜头拍摄人物主体在观看某物体的画面，下一个镜头接转主体观看的对象，如图 4-26 所示。

图4-26 主观镜头转场

　　在图4-26中，女演员向男演员要了他的手机，然后准备解锁，下一秒镜头切换到手机屏幕的特写，显示女演员在输入锁屏密码。这就是典型的主观镜头转场，既具有视觉冲击力，又合乎剧情逻辑，放大了细节。

　　（5）两极镜头转场

　　两极镜头转场的特点，在于利用前后镜头在景别、动静变化等方面造成巨大反差来完成转场。一般而言，前一个镜头的景别会与后一个镜头的景别形成"两个极端"，如前一个是特写，后一个是全景或远景，或前一个是全景或远景，后一个是特写。

　　（6）遮挡镜头转场

　　遮挡镜头转场，是指在上一个镜头接近结束时，被摄主体挪近以致遮挡摄像机的镜头，下一个画面主体又从摄像机镜头前走开，以实现场景的转换。这种方式在给观众带来视觉冲击的同时，也使画面变得更紧凑。

　　例如，抖音号"爱拍视频的田小白"，在"去超市怎么拍出仪式感"的教学视频中就用到了遮挡镜头转场。在视频中，播主就是用白菜靠近镜头作为上一个镜头的结束，再用绿茶的特写开启下一个镜头，如图4-27所示。

图4-27　遮挡镜头转场

2. 技巧转场

运用一些特效的手法进行转场，称为技巧转场。技巧转场常用于情节之间的转换，给观众带来明确的段落感。常见的技巧转场有 3 种，淡入淡出转场、叠化转场、划像转场，下面分别介绍这 3 种转场手法。

（1）淡入淡出转场

淡入淡出转场是指在画面结束与开始时，加上画面的明暗变化，即上一个镜头的画面由明转暗，直至黑场，下一个镜头的画面由暗转明，逐渐显现直至正常的亮度，通常运用在节目或场景的开头、结尾或时间地点的变化之处。

（2）叠化转场

叠化转场是指前一个镜头的结束画面与后一个镜头开始的画面相叠加的转场形式，在转场中，画面会显出两个画面的轮廓，只是前一个镜头的画面将逐渐淡淡隐去，后一个镜头的画面则慢慢显现并清晰。它常运用在影视化处理中，因为叠化与慢镜头的结合，可以延缓时间的流逝。

（3）划像转场

划像转场的切出与切入镜头之间没有过多的视觉联系，常用于突出时间、地点的跳转。划像分为划出与划入，划出是指前一画面从某一方向退出荧屏，划入是指下一个画面从某一方向进入荧屏。

大家最关心的问题

1. 跟镜头与移镜头的区别

在花样百出的运镜手法中，也许单凭文字描述以及例图，读者无法分辨出某些比较类似的运镜手法的区别，比如跟镜头与移镜头。下面讲述跟镜头与移镜头的三个区别，供读者区分学习。

（1）跟镜头的摄像机运动速度与被摄对象的运动速度是一致的，移镜头摄像机的运动与被摄对象的运动速度不同。

（2）跟镜头的画面景别不变，移镜头的画面景别根据拍摄距离的变化而变化。

（3）跟镜头的拍摄对象在画面构图上基本不变，移镜头的拍摄对象在画面构图中的位置时刻发生变化。

2. 最值得购买的辅助拍摄设备是什么？

播主在选购辅助拍摄设备时，应当根据自己拍摄的短视频类型来进行甄别，按照经济条件进行选购。但从动态与静态角度来说，如果播主所拍摄的视频类型是如美妆这类，不需要动态镜头，并且有播主真人出镜的短视频，那么建议选购补光灯。

如果播主需要拍摄的是旅行类短视频，那么建议选购一台与拍摄设备适配的稳定器。稳定器一般分为手机稳定器与相机稳定器两种，播主可以按情况选购。

拍摄：对准目标 第5章
拍拍拍就可以了吗

本章导读

　　随着短视频市场越来越大，用户越来越多，以及 UGC 对市场内容的占据，短视频的种类也变得更加多样。常见的短视频可以分为 16 种不同的类型，从拍摄上来讲，它们有各自的拍摄要点，掌握了这些拍摄要点，就可以显著提高短视频拍摄的效率与质量，吸引更多粉丝关注。

5.1　轻松掌握16类常见短视频的拍摄要点

许多短视频拍摄团队在刚开始进行视频制作的时候都十分茫然，在拍摄过程中总是抓不住拍摄要点，成品也达不到理想的效果。其实每一种短视频类型都有专属于自己的拍摄要点。哪种类型的视频需要真人出镜来增加信服度？哪种需要增加些许巧思来"软化"视频潜在的终极目的？短视频团队需要熟练掌握这方面知识，就能拍摄出高质量的短视频。

5.1.1　商品评测类短视频

商品评测类短视频的内容重点是播主测评的商品，在拍摄中需要全面展示该商品的外观、性能等，并增强视频内容的信服度。从这一角度出发，商品评测类短视频的拍摄要点如下。

1. 真人出镜

商品评测类短视频需要做到真人出镜，这样可以增加信服度，同时塑造播主的个人风格，增加账号魅力，打造专属IP。比如哔哩哔哩网站的"科技美学"就是国内比较有名的数码类产品评测的团队，其目前拥有超过250万粉丝，它的每一期视频都是播主真人出镜讲解，如图5-1所示。

图5-1　真人播主讲解

2. 多景别灵活切换

为了体现商品评测的客观性，需要对于评测的商品进行多方面的展示，同时配合播主的语言讲解。所以在视频中，会至少涉及测评商品的全景镜头和特写镜头两种不同的景别。在展示一款或是多款商品时，需要运用全景镜头向观众展示商品的全貌，也需要特写镜头来放大商品的多处细节。多景别的结合能体现评测的全面性与缜密性，增加观众对内容的信服度，如图 5-2 所示。

图5-2　多景别拍摄

3. 纯色背景与台面

在后期制作时，通常需要将播主的讲解转化为字幕，因此，用纯色背景与台面，能便于后期制作。在呈现播主讲解与商品展示两类画面时，纯色背景或台面能使得字幕清晰又突出。某评测短视频就采用了纯色背景与纯色台面，如图 5-3 所示。

图5-3　纯色台面

5.1.2　商品开箱类短视频

商品开箱类短视频与评测类短视频的拍摄要点有许多相同之处，如真人出镜、多景别镜头，以及纯色的背景与台面。但不同的是，开箱类短视频比评测类多出一个开箱的环节，更偏向于"开箱"，所以可以在开箱的过程中"做文章"，增加趣味性。

1. 加入"特色道具"

想要增加开箱类短视频的趣味性，可以在开箱过程中加入特色道具。如抖音号"无聊的开箱"，就利用旁白"小心翼翼地打开"与实际"非常粗暴地打开动作"，打造出趣味十足的反差，吸引了超过 540 万粉丝关注。其中，播主所运用的开箱道具包括但不限于水果刀、电锯等，如图 5-4 所示。

图5-4　特色道具

🎤 **知识加油站**　开箱类播主在进行视频道具选择时，可以开动脑筋，选择既有趣又与个人IP 具有关联性的道具。要避免选择容易造成危险的道具，时刻谨记"安全第一"。

2. 多角度光源拍摄

商品开箱类短视频的播主通常运用固定机位，将商品放在展示台上进行录制。这时，如果只运用单一顶光，那么播主和商品在视频画面中都会出现大块的阴影，影响拍摄效果。建议使用多种不同角度光源相结合的方法进行拍摄，使拍摄主体的每一个面都能被照亮，提升视频的质量。

5.1.3　商品展示类短视频

商品展示类短视频的拍摄不能太过"简单粗暴"，不能从视频开头到结尾一直都在展示商品，用户对于这种展示方式是不太能接受的。商品展示类短视频需要运营者将商品放入一定的场景进行展示，或是在视频中构思简单故事情节将视频变得更加丰满。商品展示类短视频的拍摄要点如下。

1. 营造适合的拍摄场景

商品展示类短视频要做到自然、生动，能打动观众，比较好的方式之一是将商品融入一个适合的场景中进行拍摄。如将防晒霜适合日照充足的海滩，健身服适合挥汗如雨的健身房。如抖音号"小雨爱折腾"，就将洗碗机放在一个精致小巧的厨房中进行展示，如图 5-5 所示。

图5-5　营造适合的拍摄场景

2. 构思故事情节或融入生活技巧

除了适合的场景，运营者还可以让短视频更富有情节性。比如，构思一个故事情节引入商品，或是将商品展示融入一些生活技巧中，这样的展示形式更容易被观众所接受。还是以洗碗机为例，抖音号"设计师阿爽"在展示洗碗机时，就在展示部分之前安排了一个小故事，如图 5-6 所示。

图5-6　将商品展示嵌入小故事

在图 5-6 所示的短视频中，故事开头是男主人公的老婆提议买一个洗碗机，而婆婆不同意，丈夫则夹在两个女人之间左右为难。这时播主"跳"出来，表达自己的观点，并以实物为例一一展示，打消婆婆的疑虑。这条有趣的短视频获得了超过 25 万点赞，非常受欢迎。

而另一种方式——将商品融入生活技巧中进行介绍，也十分常见。例如大多数的服装穿搭账号，都是以穿搭技巧展示配合模特试穿，将上衣或短裙等服装展示给观众。观众看到一件单品可以有这么多种搭配，并且上身效果非常好，就十分容易下单购买。

5.1.4　商品的制作过程类短视频

商品的制作过程类短视频，以食品烘焙类为典型代表，通常烘焙食品的外观十分诱人，而视频过程则尽量展示出外观变化，以及简单易学的制作程序。其拍摄要点如下。

1. 机位灵活切换

在拍摄商品制作过程短视频时，一方面需要对于制作步骤进行讲述，另一方面需要对于成品进行展示。在拍摄制作步骤时，通常是固定一个拍摄位置，对制作平台进行俯拍；而在拍摄成果时，可以采用移镜头进行拍摄。如抖音号"懒人烘焙"中，制作轻乳酪蛋糕的短视频就运用到了俯拍和移镜头的拍摄方法，如图 5-7 所示。

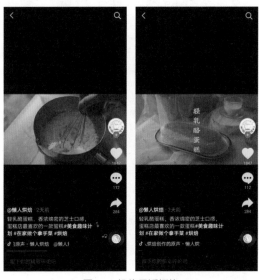

图5-7　机位灵活切换

2. 高颜值的道具配合

烘焙一直被塑造成一件很美、很"高级"的事，能为生活增添许多情趣。所以与之配合的道具也不能显得"寒酸"，一定要"颜值达标"，才能将观众带入"小资生活"的氛围。如抖音号"吃很多星"的短视频中，不管是制作美食所用的餐盘、锅，还是食物本身，都十分赏心悦目，如图5-8所示。

图5-8　高颜值道具

5.1.5　商品产地采摘/装箱类短视频

产地采摘/装箱类短视频所拍摄的商品，属水果类较多，特别是比较原生态的果园采摘类型。但目前这类视频火爆起来的比较少。商品产地采摘/装箱类短视频的拍摄要点如下。

1. 尽量采用长镜头

在产地拍摄采摘或是装箱的短视频，其中一大目的是为了向观众展示水果原产地的真实性，表明水果十分新鲜。这时，短视频中出现过多的剪辑镜头或许会让短视频变得更加精致，但却会让观众留下"是否采摘的水果与发给我的并不是同一批"这样的疑惑。抖音号"多辉水果"的短视频中就有许多长镜头，甚至一镜到底，如图5-9所示。

图5-9 一镜到底的镜头

2. 让水果看起来干净、新鲜

在拍摄产地采摘 / 装箱类短视频时，让商品看起来更诱人，对销量会产生积极的促进作用。当商品为水果时，拍摄者可以在拍摄前先擦干净水果上的灰尘，或是在雨后进行拍摄，这时水果上带有未干的水珠，显得更加晶莹剔透，更加新鲜。拍摄者也可以人为制造出类似效果，例如在水果上洒上一些水等等。在抖音号"多辉水果"的一条短视频中，红彤彤的苹果上都是透明的水珠，一下子就勾起了观众的食欲，如图 5-10 所示。

图5-10 短视频中水果上有新鲜的露珠

5.1.6 颜值类短视频

光靠颜值就能持续红火的时代已经过去了。美本身是一种极强大的资本，而现在的观众更加看重美之外的"加分项"。搞笑的段子演绎或是出众的才艺展示，再加上"逆天"颜值的加持，以及必要的包装，成为新晋网红不是梦。这类短视频的拍摄要点如下。

1. 造型要突出播主个人风格

"人靠衣装，佛靠金装"，恰当的妆容与造型能够放大播主的美，让播主在特定情境下将自身的美悉数展现出来。如抖音号"何之舟"，其短视频中的造型就十分能突出播主独特的个人风格，如图 5-11 所示。

图5-11　突出个人风格的造型

2. 选择合适的灯光

灯光对于视频画面的色温有很大影响，为了让视频画面与中心主旨更加呼应，除了可以在后期处理时加上滤镜，更重要的是在拍摄时选用合适的灯光。做好前期工作，能为后期省下不少力气。在这方面具有代表性的账号是抖音号"吴佳煜"，该账号的拍摄者十分懂得在不同的情境选用不同的灯光，如图 5-12 所示。

在图 5-12 中，左图所示的短视频，运用了偏白的光线，是为了配合播主与朋友的白色系服装，让整体的视觉调性变得和谐。而右图所示的短视频运用了暖色系光源，与播主冷黑的服装形成了鲜明的对比，给观众留下了深刻的印象。配合不同的视频主题与风格，选用不同的灯光，可以放大短视频的画面效果，让观众更容易接收到播主想要表达的信息，也就更容易为账号增加粉丝。

图5-12　不同情境选择不同的灯光

5.1.7　萌宠/萌宝类短视频

"萌"，是一个经久不衰的题材，萌宠、萌宝类短视频一直热度不减，新手从这方面拍摄，也十分容易"火"起来。只需要将"萌"一直进行到底，搭配对话类剧情配音旁白，就能获得许多观众的点赞。萌宠/萌宝类短视频的拍摄也比较简单，其拍摄要点如下。

1. 制造"对比度"

萌宠类短视频在拍摄时，最忌讳的就是宠物的毛色与背景融为一体。抖音号"会说话的刘二豆"当属萌宠类的典范，在制造宠物与背景的"对比度"上处理得很好，如图 5-13 所示。

在图 5-13 中，播主在拍摄左图的短视频时，为衬托白色的猫咪，选择了深色的地板作为背景，成功突出了拍摄主体。而在右图中，因为猫咪的白色与沙发的乳白色十分相近，于是为猫咪穿上了红色的服装，不仅将猫咪与背景区别开来，还增加了猫咪的"萌感"。该账号目前拥有超过 4400 万粉丝，粉丝数排名也一直在平台中保持靠前位置。

2. 踩点放大细节

许多短视频的笑点都集中在视频中的某个细节上触发，于是许多拍摄者会选择在视频高潮处，在视频画面中将笑点细节进行放大。这时画面虽然清晰度降低了，但是细节完全呈现在了观众面前，也就达到了让观众开怀大笑的目的。

在萌宠/萌宝类短视频中，由于萌宝与萌宠相较于人，本身是比较"小"的，所以萌宝或萌宠的表情、动作等等，都需要仔细观察才能看到。这时放大功能就十分实用了。在配乐达到高潮时，"踩点"将搞笑的细节放大，可以让配乐与剧情同时到达最高点，引起观众更深的触动。如抖音号"杜百万的成长日记"中的几条短视频，就用到了这一技巧，为短视频增添了许多趣味，如图 5-14 所示。

图5-13　制造画面对比度

图5-14　在高潮处将细节放大

5.1.8 短剧类短视频

短剧类短视频比较依赖剧本，在前期策划的时候就需要准备大量的创意剧本，以便后期持续进行输出。剧本确定后，就需要开始筹备拍摄，短剧类对出镜人员、拍摄设备等都有一定的要求，其拍摄要点如下。

1. 画面比例 9：16

短视频 APP 依赖手机端来进行呈现，而手机的竖屏比例与电影的宽屏是不同的，其比例一般是 9：16。而短剧类短视频，想要在画面上清晰地表现人物的表情变化，或是场景细节，需要在拍摄时就以 9：16 的比例设计好每一帧的构图，再进行拍摄。抖音号"我有个朋友"就用 9：16 的画面展示故事，效果不错，较受欢迎，如图 5-15 所示。

图5-15　9:16的画幅

2. 转场镜头自然流畅

短剧类短视频尤其要注意转场镜头的衔接，为了让整段视频显得自然流畅，笔者建议最好是采用剧情推动转场。常见的剧情推动转场包括特写转场、主观镜头转场、声音转场等方式。不建议采用十分花哨的转场特效，在娓娓道来的故事叙述中，过分花哨的转场反而会引起观众的注意，造成突兀感。

5.1.9 街拍类短视频

街拍类短视频一般以街头采访为主流，而街头采访的即时性和不确定性恰恰是这类视频的趣味所在。由于视频受众一般以年轻人居多，他们对于新鲜事物的接受度较强，也乐于参与自发性传播，因此街头采访中具有话题性的"神回复"往往能获得受众的青睐与转发，从而获得较多的流量。除街头采访外，街头"潮人"们的穿搭拍摄也是街拍的重点。总地来说，要做好街拍短视频，需要注意以下几个拍摄要点。

1. 在对象人流密集处取景

不论是进行街头采访，还是捕捉街头潮人的穿搭，都需要到采访对象或是拍摄对象的聚集处进行，如此才能收集到足够多的原始素材。如果是拍摄街头采访，那么要依照问题限定的采访对象来进行选择，如"你男朋友做过让你最感动的事是什么"，就需要到年轻女生聚集的地方，如市中心的商场或写字楼等。如果问题是"作为婆婆，你觉得女生第一次来男方家中要不要主动洗碗"，那么这个问题的采访对象就是中老年的女性，需要到小区公园、菜市场等地方。如抖音号"成都太古里街拍达人"，其拍摄地点就是在成都的著名的"打卡盛地"太古里，如图5-16所示。

图5-16　在潮人聚集地拍摄

2. 提前锁定焦距

街头采访与街拍类短视频都有一个共同点：拍摄地点位于室外，这导致不可控的环境因素较多。例如，拍摄主体身后来来往往的人潮就是影响拍摄的因素之一，尤其是对焦距的影响很大，所以在开始进行录制前，拍摄者需要提前锁定焦距，而不要使用自动对焦功能，否则拍摄主体身前身后一旦有路人经过，就可能产生拍摄设备自动调焦而导致主体虚焦的问题。

5.1.10 探店类短视频

探店类短视频主要是展现当地的各个类型的店铺，它包括衣食住行各个方面，可以看作地域性的吃喝玩乐攻略。探店类短视频中最受欢迎的是美食探店，这类短视频往往由个人风格极强的播主出镜，搭配自带流量的美食，想不吸引眼球都难。具有代入感的吃货的心理，再加上营销性的语言推广，让馋嘴的观众们难以抵挡。探店类短视频的拍摄要点如下。

1. 展示店外环境与标志性建筑物

在拍摄探店类短视频时，拍摄者应当在店外进行一个全景的拍摄，记录一下店铺左右的环境，在店铺招牌处停一停，甚至在配音与字幕中描述一下附近的标志性建筑物，等等。这样做一方面是为了向观众介绍一些店铺的外部环境，侧面表现店铺的层次、格调等；另一方面可以更加方便观众找到店铺的位置。比如抖音号"探店魔都"就在许多探店视频中，将店外环境展示出来了，如图5-17所示。

图5-17 展示店外环境

2. 选择人流高峰时拍摄

在人流高峰时拍摄不仅能给观众"这个店一定很不错才会人气这么火爆"的心理暗示，还能让观众提前做好心理准备，在实际到店时提前预留出排队的时间，提高观众的体验质量。如抖音号"探苏州"就将美食店人气火爆的场景纳入了短视频中，如图5-18所示。

图5-18　展示店内火爆人气

5.1.11　日常生活类短视频

这类短视频最是符合抖音的广告语："记录美好生活"。抖音的初衷就是吸引更多人在平台发布美好的生活类视频。虽然随着平台的发展涌现出越来越多的短视频类型，但日常生活类仍然是最"接地气"的类型，有很多新入行的创作者都选择成为"vlogger"，也就是持续发布短视频来记录日常生活的人。这类短视频的拍摄要点如下。

1. 播主不可占满画面

日常生活类短视频常见的一种拍摄手法就是播主以自拍的形式，记录、讲述自己的生活，这也是最早兴起的 vlog 模式。但在进行这类拍摄时，播主要注意，不要让自己的上半身占据了整个画面，要为身后的场景留出展示空间。这是因为播主的讲述与身后的背景往往是分不开的，观众能切实看到播主身后背景时，对于其讲述才会更加感同身受。如抖音号"朱佳航"的拍摄就遵循了这一原则，如图 5-19 所示。

2. 花样拍摄与剪辑为视频增加亮点

日常生活类短视频很大程度上依靠播主的个人魅力吸引粉丝，不会有过多转折性的剧情。这时，可以考虑在拍摄与剪辑上下功夫，用较为新颖的拍摄与剪辑手法，为短视频增加亮点。比如抖音号"燃烧的陀螺仪"的短视频就有很多拍摄与剪辑手法上的亮点，如图 5-20 所示。

图5-19 拍摄时为背景留出空间

图5-20 花样拍摄手法

在图 5-20 中，左图所示的短视频片段采用了对播主手部的特写，以及镜头的慢放，与这条短视频中其他拍摄镜头都是快速度、多机位的拍摄手法相对比，显得非常有故事感。而在右图所示的短视频中，播主将漱口杯抛起又接住，之后镜头马上转接下一个镜头，衔接十分干净利落。

5.1.12　知识/技巧分享类短视频

知识/技巧分享类短视频是有别于教学类视频的，这类视频偏向于分享小知识、小技巧，可以帮观众解决一些生活中的小问题，或是增加一些生活中的小乐趣。这类短视频的拍摄要点如下。

1. 用特效将步骤形象化

在知识/技巧分享类短视频中，时常涉及某件事的完成步骤，如套被子的步骤、叠衬衣的步骤，等等。在制作视频时，为了将步骤表现得更加形象生动，便于观众理解、学习，可以选择为每一个步骤添上后期特效。如西瓜视频的"妙招姐"分享如何快速叠T恤的短视频中，将方法中关键的"点与线"用特效加以标明，如图5-21所示。

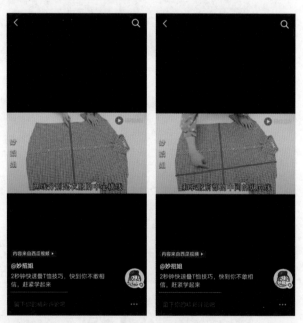

图5-21　用特效将步骤形象化

2. 运用俯拍镜头

知识/技巧分享类短视频在拍摄时，要注意配音与剪辑的速度与节奏，可以多运用俯拍镜头，便于更好地进行展示。如抖音号"收纳师慷慷"的短视频就采用了俯拍镜头来讲解T恤的几种叠法，效果非常不错，如图5-22所示。

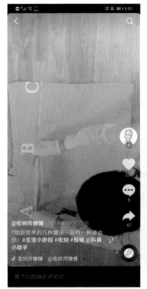

图5-22　俯拍镜头

5.1.13　技能展示类短视频

技能展示类短视频大类也可细分到各个领域，比如绘画技能、舞蹈技能甚至各种冷门技能。播主需要用自身所掌握的某方面技能来吸引粉丝，配合音乐与剪辑，营造"大神"形象，打造领域个人IP。这类短视频的拍摄要点如下。

1. 拍摄时保持设备平稳

在拍摄技能展示类短视频时，如果展示的技能是运动类技能，如滑板、舞蹈、篮球等，那么很可能要涉及同步拍摄。这时要保持画面清晰、不晃动，就一定要维持拍摄设备的平稳。拍摄者可以借助辅助设备来完成拍摄，如手机稳定器或是相机稳定器，等等。抖音号"不止滑板"对于动态主体的拍摄就十分平稳，值得其他拍摄者学习，如图5-23所示。

2. 合适的景深

在拍摄静态的技能展示视频时，如唱歌类短视频，通常都是播主在固定位置不动，加上乐器的配合，固定机位进行拍摄。在这类短视频中，由于整段视频的画面构图基本保持不变，所以要在拍摄前就设计好合适的景深，即拍摄主体与背景之间的距离，让画面保持主体清晰背景模糊的状态。如抖音号"吴恙"的短视频以展示歌喉为主要内容，部分短视频的拍摄地点是在阳台上，背景不是很好看，但由于采用了合适的景深，模糊化了简陋的背景，使之不会被观众注意到，如图5-24所示。

图5-23　保持设备平稳

图5-24　固定拍摄时选用合适的景深

5.1.14　教学类短视频

教学类短视频侧重于"教学"，通常在片头就会抛出本次视频所教授的知识技能，然后再利用播主所掌握的知识/方法来进行具体的教学。

目前短视频平台上比较常见的是各类软件教学或者技能教学等。这类视频领域在细分后比较窄，所以可以加大难度进行教学，最好逐渐形成独特的个人风格，语言上尽量通俗易懂。教学类短视频的拍摄要点如下。

1. 剪辑清晰，步骤齐全

常见的教学类短视频中的每一项技能，都包含几个关键步骤，不是一步就能完成的。而教学类短视频的核心也是向观众展现这些步骤，因此，在进行短视频拍摄或录制时，播主需要将技能的每一步都进行清晰的展示，如果是 PS、Office 这类技能教学，则需要做到让观众看清楚每个步骤所使用的工具是在哪里选中的，如抖音号"PS"，在教授不同的 PS 技能时，将每一步选用的工具，或是使用的快捷键都展示得十分清楚，如图 5-25 所示。

图5-25 步骤齐全

2. 字幕、语速很重要

教学类短视频的字幕与画面是指导观众进行技能学习的两大关键之处，在观众无法理解或不能确定一些语句或词汇时，能依靠的便只有字幕。所以，在教学类短视频中，字幕是十分重要的，后期制作时一定要加上。

除此之外，播主在对短视频进行配音时，整体语速偏快一些更佳，这样既能保证完播率，也能让观众在短时间内获得更多的"干货"知识。但要注意的是，在不同的地方可以使用不同的语速，如在步骤讲解处语速要适当，让观众听清楚，而在调侃之类的语句上，则可以加快速度，避免观众因为失去耐心调整进度条或是放弃观看这段短视频。

🎙️**知识加油站** 在进行软件教学时，播主们大可不必循规蹈矩地教课，而是应当拓展思路，结合在实际运用的过程中会遇到的各类问题进行趣味教学。如 PS 一般在艺术照后期处理中运用较多，但许多女性客户过分追求"大眼""瘦脸"，播主就可以出一期按照"客户要求"，做出"终极版的大眼瘦脸"，让观众看看物极必反的处理效果。这样既教授了方法，也实现了娱乐效果。

5.1.15　咨询解答类短视频

咨询解答类短视频涉及许多不同的领域，最常见的有情感咨询、法律咨询，等等。这类短视频往往吸粉速度特别快，这是因为大众在情感与法律方面其实十分容易遇到问题，而这类短视频恰好抓住了人们的痛点。该类短视频的拍摄要点如下。

1. 专业人士出镜

如果是拍摄法律咨询类短视频，那么最好邀请的确具有法律资质的播主出镜，如果身边没有这样的人，也要在造型上下功夫，提高播主的可信度。如抖音号"智豪律师在线咨询"，该账号的每一个短视频中，都是律师真人出镜，说服力自然就大大提高了，如图 5-26 所示。

图5-26　专业人士出镜

2. 演技细腻

部分有创意的咨询类账号，在引入话题时会采用剧情表演的形式，而这类剧情往往是大众生活中的小场景。这时需要演员演技自然且细腻，为观众营造一个真实、有代入感的环境。如抖音号"华永猎头服务咨询"发布的关于面试小技巧的短视频中，演员的演技就比较生动自然，如图5-27所示。

图5-27　演技细腻的演员

在图5-27所示的短视频中，饰演HR的女演员，在穿着与表现力上都将HR的专业、一丝不苟的特点展现出来，而饰演有经验面试者的另一位女演员，也将有经验的面试者沉着冷静的特质表现了出来。演员演技越好，拍出来的视频就越有真实感、临场感，越能获得观众的认同。

5.1.16　影评剧评类短视频

影评剧评类短视频可以细分到具体哪一种风格的影视剧及讲解，例如专评动作片、悬疑片或爱情片等。遇到一部电影的影评内容比较多，无法在一个短视频中讲解完毕时，可将其分为上、下两部分或者拆分为多部，形成系列合集用来做封面图。其拍摄要点如下。

1. 画面居中，上下留白

影评剧评类短视频在视觉画面上往往有两个重点：一是电影或电视剧的剪辑画面；二是相关的讲解字幕。为了能在竖屏手机中完整地呈现电影与电视剧的横屏画面，同时也为播主的解说词留下空间，通常会采取将电影或电视剧画面居中，上下留白的形式。这样一来，剧中的人物对白不会被遮挡，而画面上方可以打上标题，画面下方为解说字幕留下了位置。如抖音号"撩电影8"制作短视频时就是这样安排画面结构的，如图5-28所示。

图5-28　画面居中，上下留白

2. 适当利用真人出镜

大多数影评剧评类短视频是没有真人出镜的，但在这类短视频中，如果加入真人出镜，有时能收获意想不到的效果。如当剧中人物做出某一"迷惑行为"，让人完全摸不着头脑时，可以切换到播主或其他真人的费解的表情，如此可以营造更多笑点。不过这个操作要注意把握好节奏，太频繁效果反而不好。

5.2　短视频拍摄的几个注意事项

短视频的拍摄有其相比长视频的独特之处，这也导致在其拍摄过程中，拍摄者需要根据其特点，在拍摄工作中做出不同的改变。本节讲述关于短视频拍摄的几个注意事项，帮助读者学习了解短视频拍摄的重点之处，对于剪辑、配乐形成自己的概念。

5.2.1　合理利用现有资源

很多人认为拍视频是一件十分"烧钱"的事，其实不然，拍摄者需要学会的只是合理利用身边的现有资源。

说到底，视频拍摄最基本的装备不外乎一台手机，那么如何利用好一台手机，以及结合身边资源来进行拍摄呢？除了像美妆类短视频这种必须要用到许多化妆品道具出镜配合拍摄外，其他短视频最主要的还是对播主进行拍摄，那么家中的书桌或茶几就可以成为讲解平台；稍加处理后的台灯可以作为补光灯使用；甚至利用另一部手机放在拍摄手机前，不遮挡住摄像头，便成为了一个简单的提词器；有条件的播主还可以利用家中物品制作出一个简易的水平滑轨，来进行移动拍摄，等等。

抖音号"问十四"的播主在被自家粉丝说了很多次长得像漫画人物"富江"，并要求出一期"富江"的仿妆视频之后准备出一期视频。但播主在完成妆容后，发现漫画人物的原图背景为纯黑背景，而播主家中并没有黑色的背景板，于是直接利用自家猪圈的砖墙，拍摄出了仿妆图片，如图5-29所示。

图5-29 "问十四"的富江仿妆视频

播主们在进行短视频录制时需要开动脑筋，合理利用身边的现有资源，这样不仅能节约经费，或许还能在不经意间，为短视频增加不一样的亮点。

5.2.2 镜头要流畅，转换要自然

视频镜头是否流畅和衔接会对观看体验产生很大影响，所以在拍摄视频的时候需要注意镜头的衔接问题，特别是在拍摄旅行类短视频等以画面为主要内容的视频类型时。

在细节问题上，可以在拍摄的时候留意镜头的移动方向，尽量保持一致，例如

两个镜头都是向右移动或者是上升镜头的衔接。接着需要注意景别的变化，从大景别一步一步到小景别，尽量不要全程都使用单一景别，可以适当拍摄特写镜头。同时，在拍摄运动镜头时，尽量使用稳定器或者云台来稳定视频画面，可以减少不必要的抖动。抖音号"陈连仁不容易"的短视频中，镜头语言就十分流畅，转换也十分自然，如图5-30所示。

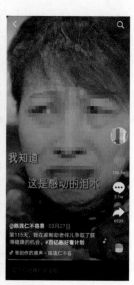

图5-30　流畅自然的镜头转换

在图5-30所示的短视频中，婆婆在用餐时间让儿媳一个人在厨房吃红薯，公公看到这个情况，认为婆婆定是一片苦心，为了让儿媳保持健康，才不让她吃桌上的大鱼大肉。于是公公拉开儿媳，将吃红薯的"特权"交给了婆婆，而婆婆则在公公的"细心关照"下，一边吃一边流下了"感动的泪水"。在处理婆婆流泪这一段时，摄影师先拍摄了婆婆流着泪吃红薯的中景，然后转回一脸笑意的公公，之后随着台词的推进，再将镜头切换为婆婆流泪的特写，镜头衔接十分自然，贴合剧情，也让短视频剧情显得更加有趣。

5.2.3　后期剪辑要突出重点

除了前期的拍摄，后期的剪辑也是非常重要的一部分。剪辑要注意突出短视频中的重点环节，包括人物、事物、情节等。

通常在短视频拍摄中，经验丰富的摄影师会拍摄大量的素材，便于后期剪辑。这些素材不仅仅是人物、事物，也包括背景、道具等镜头，但是人物终究是短视频中的一大主体，在进行剧情类短视频的剪辑安排时，可以加入少量无人物出镜的镜头作为短视频中的"留白"，用来暗示人物心理等等，但重点仍然在于对于人物、事物的展现。

　　情节作为剧情类短视频中的关键，在后期剪辑时需要重点进行展现。对于情节的凸显不像凸显人物、事物那样直观，但是却需要更深厚的功力才能做到。情节的体现在于对剪辑节奏的把控：一个镜头停留多长时间，对于人物的情感细节是否有特写镜头来进行放大，等等。抖音号"朱一旦的枯燥生活"，在重点突出方面就做得比较好，如图5-31所示。

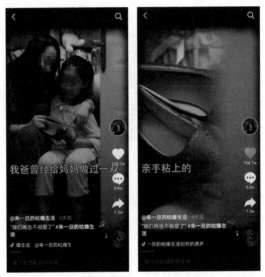

图5-31　突出重点的剪辑安排

　　在图5-31所示的短视频中，小女孩的旁白叙述：我爸曾经给妈妈做过一双高跟鞋，上面每一颗钻石，都是爸爸亲手粘上的。为了配合旁白，画面呈现了小女孩的妈妈搂着小女孩为她讲述关于高跟鞋的故事的画面，还给到了高跟鞋一个特写镜头。这一剪辑设计呼应了字幕，为道具高跟鞋赋予了故事，表明了妈妈对高跟鞋的喜爱，以及对爸爸的深厚感情，也侧面描写了爸爸这一人物。

5.2.4　配音与音乐要烘托气氛

　　配音和背景音乐的烘托能够大大增加视频的真实感、代入感以及渲染气氛。不同场景的配音风格和音乐需要与视频的格调相匹配。比如拍摄一些壮丽的风景，就需要配合激昂或宏大风格的配乐。而剧情紧凑的短视频，应当配上节奏较快、有气势的音乐。抖音号"青岸w"就是一个影视混剪的短视频账号，该账号发布了一个高赞短视频，如图5-32所示。

图5-32　烘托氛围的配乐

　　这个短视频将几大知名古装剧中各位"娘娘"之间明争暗斗的精彩片段混剪在了一起。播主为这些片段集锦配上一首节奏鲜明的歌曲，与剧中的人物原声一起，展现出了强大的感染力，紧紧抓住了观众的心，这条短视频也因此收获了超过44万的点赞数。

　　优秀的配乐能够给视频提升一个档次，例如抖音比较流行的"卡点"短视频。此外，各大视频平台也吸引了一大批优秀的音乐人入驻，播主们可以多观看优秀视频来提升音乐方面的感悟能力，方便在进行视频策划时快速联想到对应风格的配乐。

　　🎙️知识加油站　　用手机进行短视频配乐时，在抖音APP中，点击"选配乐"按钮，进入"更多"选项，可以看到"热歌榜"与"飙升榜"。"热歌榜"是当前使用人数最多的音乐榜单，"飙升榜"是当前排名上升速度最快的音乐榜单。当创作者对配乐犯愁时，可以参考"热歌榜"与"飙升榜"进行选择。

5.2.5　加上片头片尾显得更加专业

　　精美的片头片尾有利于播主打造自己的品牌IP，因为标志性的片头片尾和配音搭配在一起，很容易给予观众深刻的印象。例如大型美食纪录片《舌尖上的中国》的片头就让人记忆犹新，是十分成功的案例。

　　除了一些大型项目，运营者也可以利用各类视频编辑软件制作简单的片头或片尾让视频显得更专业。如抖音号"聂大婷"的每条短视频中，都带有具有播主个人特色的片尾，如图5-33所示。

"聂大婷"的片尾是一个播主说"哦嚯"的表情动图作为头像，头像下方制作成关注抖音号成功的动画效果，简单却十分生动，同时还具有引导观众关注抖音账号的作用。该片尾成了"聂大婷"的独特标志，提高了"聂大婷"账号的辨识度，在账号的发展中起到了一定的作用。

🎙 知识加油站　运营者可以到各大素材网站下载片头、片尾视频模板进行制作。这种方式比自己动手一帧一帧地剪辑更为便利，但是要注意是否能够商用和版权方面的问题，以减少不必要的麻烦。

图5-33　具有个人特色的片尾

大家最关心的问题

1. 哪种类型的视频最容易成为爆款？

对普通人来说，最容易做出成绩、最容易变现的内容分别是生活技巧类与教学类短视频，这是为什么呢？举个例子，在舞蹈类短视频中，同一支舞蹈，其教学视频会比单纯的表演视频点赞量高出许多。试想，在一支舞蹈"火"起来之后，一定会有许多人产生想要学习的想法。教学类短视频就恰好迎合了这一需求，所以它的提高关注率的效果特别好，"涨粉"速度也非常快。

生活技巧类短视频的优势在于能很好地与观众产生互动与信任。生活技巧类短视频的主角通常会被塑造成一个像邻家哥哥或邻家姐姐的形象，并且还具有独特的个人性格。这样一来，观众会感觉到播主是一个有生活气息、有丰满性格的人，也就更容易产生好感。

2. 如何用手机拍出大片效果？

许多优秀的短视频账号能利用有限的拍摄设备制作出具有大片观感的短视频，令许多新手小白十分美慕。其实，只需要掌握一定的技巧，新手小白也能拍出具有大片感的短视频。例如，新手拍摄者可以活用慢动作与延时摄影功能，来构造大片感。

如一只白鸽飞过，一位女孩走过，正常拍摄状态下呈现的是十分寻常的画面，但如果将某一部分转化为慢动作，那么故事感一下子就出来了。

延时摄影也是一样，它的原理是每隔几秒钟拍一张照片，最终将所有照片合在一起形成短视频。用这样的方式拍摄如天空云彩飘动等场景，能营造出缓慢又文艺的时间流逝感。

除非特别自信，否 第6章
则一定要做后期处理

本章导读

　　后期处理是视频制作中的关键环节，良好的后期处理可以让原视频变得更加优秀，更加具有吸引力。经过后期处理的短视频大多脱胎换骨、焕然一新。镜头之间转场效果的衔接，让视频走向流畅；配乐与音效增强了感染力，带动了用户的情绪；精心制作的字幕突出重点，让用户能迅速捕捉有效信息。因此掌握短视频的后期处理方法是非常重要的。

6.1 短视频剪辑轻松学

许多不懂剪辑的新人，认为剪辑是一件特别复杂的工作，但其实归根结底，剪辑只是重新连接镜头，使故事逻辑顺畅，生成具有表现力的新视频而已。

随着短视频的火爆，不同平台的剪辑软件如雨后春笋般纷纷面世。在此，笔者主要介绍 PC 端的《爱剪辑》，以及手机端的《乐秀》，为读者提供不同端口的剪辑学习。

6.1.1 功能强大的PC端剪辑软件《爱剪辑》

《爱剪辑》是一款十分易用的视频剪辑软件，也是全民流行的"全能"视频剪辑软件，是其团队凭借十余年的多媒体研发实力，历经 6 年以上制作而成。《爱剪辑》专为电脑剪辑者设计，目前只有 PC 端一种形式，没有进行手机端的开发。

《爱剪辑》的设计完全符合国内用户的使用习惯、功能需求与审美特点，其中许多功能都颇具创造性。《爱剪辑》的主界面如图 6-1 所示。

图6-1 《爱剪辑》主界面

① 菜单栏：包括"视频""音频""字幕特效""叠加素材""转场特效""画面风格""MTV""卡拉 OK"以及"升级与服务"多个栏目，需要进行某项操作时，单击对应图标即可。

② 信息列表：展示编辑的视频或者音频的区域。假如要剪辑两段或者两段以上的视频，用户可以在此面板中查看先剪辑好的视频素材的相关信息，如文件名、截

取时长等。此外，这个区域同时也是设置各种特效的地方，用户可以在此处选择视频的风格和转场。

③ 预览面板：展示剪辑中视频效果的面板。在此区域，用户可以调节视频的播放速度以及音量。

④ 添加面板：主要展示添加的视频或者音频素材。用户双击空白处即可添加和上传视频，十分便捷。

⑤ 信息面板：主要用于展示制作中视频的详细信息。用户每多加一个步骤，信息面板中的视频信息就会产生变化，可以清晰了解自己的剪辑流程。

在《爱剪辑》"升级与服务"栏目中，有一个"爱剪辑在线教程"入口，新手可以点击进入。在这里，《爱剪辑》为用户提供了基础教程、进阶教程以及实例教程进行学习，入口如图6-2所示。

图6-2 《爱剪辑》在线教程入口

6.1.2 快捷方便的手机端剪辑软件《乐秀》

《乐秀》是一款操作便捷的手机视频编辑APP，支持Android、iOS平台。乐秀APP的操作主界面如图6-3所示。

① 主题：操作者可以在此处查看视频主题，并将主题应用到视频后期的处理中。

② 音乐相册：可以将图片制作成为动态的音乐相册。

③ 拍摄：点击进入后可直接进行视频拍摄，该功能与手机自带的录像功能相比，其优越性在于可以进行表情贴纸拍摄等操作。

④ 快速录屏：录制屏幕上所有的操作变化。

⑤ 画中画：主要面向软件 VIP 用户，在成为 VIP 后，用户将享有更多个性化的操作设置。

⑥ 视频编辑：视频编辑的入口，用户在视频编辑中，可导入手机中已经有的视频来进行后期处理。精美滤镜功能可以为视频更换滤镜，营造更好的视觉效果；视频涂鸦功能可以直接对视频进行涂鸦，增强了视频的创造性；动态贴纸功能可以将有趣的贴纸粘贴在视频之中，让视频更富有趣味性。

⑦ 特效：提供各类短视频制作素材，供用户制作短视频特效之用。

⑧ 工具：包括剪裁、压缩视频、视频转音频、画面剪裁等功能。

图6-3　《乐秀》主界面

除此之外，用户在乐秀 APP 编辑视频之后，还可以将视频发布到美拍、优酷、朋友圈等平台。

6.1.3　短视频剪辑的六个要点

一个好的剪辑师可以将众多视频要素有机地排列起来，从而让整体故事流畅自然，有起有落，并且让观众感觉不到人工剪辑的痕迹，这需要全面考虑剪辑的信息、动机、镜头构图、摄影机角度、连贯、声音这六个要素。

1. 信息

信息是指创作者试图通过镜头呈现给观众什么，以及这个镜头想要表达的是什么。这些信息一般由视觉信息和听觉信息构成：视觉信息是指画面呈现的一切内容，包括演员的演绎、字幕；听觉信息主要包括背景音乐、音效与配音。

2. 动机

镜头之间的切换、转场一定是有动机的，这涉及整个视频的内在逻辑。例如，一段视频中，女演员因为被叫住所以回头，镜头便从女演员行走的跟镜头转到女演员回头的脸部特写，再切换到女演员回头所看到的画面。

3. 镜头构图

通过调整被摄主体、周边对象以及背景的关系，可以让构图变得更加合理。不同构图所展现的含义是不一样的，摄影师要保证镜头语言与脚本意图的一致性。

4. 摄影机角度

摄影师和剪辑师一定要考虑几个重要的问题，即摄影机该放在什么位置，画面中有几个人物，拍摄的主要对象是谁，如何展现人物的特点，通过一系列精心的角度设置，往往可以拍出较好的视频效果。

5. 连贯

好的剪辑能够实现平稳连贯的视频效果，给观众提供行云流水般的感官体验。

6. 声音

对声音的剪辑有两个重要概念，即对接剪辑和拆分剪辑。对接剪辑就是指画面和声音的剪辑点一致。拆分剪辑是指画面先于声音被转换，保证画面切换更自然。

6.2 为短视频添加丰富的元素

除了在内容方面可以体现出视频的趣味性外，短视频的其他元素，如转场效果、音乐配乐、字幕、特效，也可以体现出其趣味性。本节将具体讲述如何添加这些常见的短视频元素。

6.2.1 添加转场效果

转场特效就是在不同的视频片段之间衔接处，使用专用的转场模板进行过渡。采用爱剪辑中的变亮式淡入淡出效果制作的视频转场效果如图 6-4 所示。

在图 6-4 中，左图为转场前的部分，在添加了卷轴向右这一转场效果后，画面部分从左向右缓缓展开一幅卷轴，而卷轴展示出的图片就是第二段视频的开头部分，转场中的效果如图 6-4 的中间部分图片所示，而转场后的效果如图 6-4 中的右图所示。可见，转场不仅是为了丰富视觉效果，也是为了让视频切换更平滑。用《爱剪辑》

添加转场效果的步骤如下。

图6-4　卷轴向右转场效果

第一步，点击"添加视频"按钮，如图 6-5 所示。

图6-5　添加视频

第二步，在弹出的对话框中，①选择需要打开的文件，②点击"打开"按钮，如图 6-6 所示。

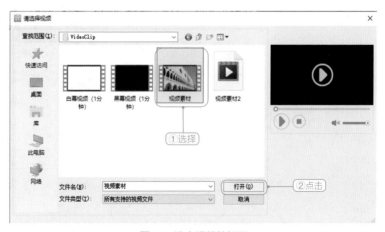

图6-6　选中视频并打开

第三步，因为转场效果只能用于两段独立视频之间，所以用户需要按步骤再添加一个视频，或将一段长视频进行裁剪。裁剪可以在剧情转折处进行，裁下的后半段视频会自动转化为第二段视频。

第四步，在第二段视频处，设置两个视频之间的转场特效。①选择第二段视频，②点击菜单栏中的"转场特效"，③若信息列表中的特效选项是收拢的，点击"展开"按钮，④找到合适的效果后点击"应用/修改"，如图6-7所示。

图6-7　添加转场特效

第五步，检查转场效果，导出视频。在上一步完成后，预览面板中的视频会自动播放添加转场效果后的情况，①点击"播放"按钮检查转场效果，②满意后点击"导出视频"按钮将视频导出来，如图6-8所示。

图6-8　勾选启用全部转场导出随机排列

6.2.2 添加音乐、音效与配音

直接拍出来的视频一般是不能当作成品使用的，对此用户可以添加一个合适的背景音乐或者自己配音，都是很不错的让主图视频更具有吸引力的方法。本小节将讲述如何使用《爱剪辑》来给视频配音。

第一步，添加视频到《爱剪辑》。

第二步，点击菜单栏中的"音频"，如图 6-9 所示。

图6-9 点击"音频"

第三步，①点击"添加音频"按钮，②在下拉菜单中选择"添加背景音乐"选项，如图 6-10 所示。

图6-10 添加背景音乐

第四步，在弹出的"请选择一个背景音乐"对话框中，①选择需要的音频文件，②点击"打开"按钮，如图 6-11 所示。

图6-11　选择音频文件

第五步，在"预览／截取"对话框里，①点击"播放"按钮，当播放到需要截取片段的开头部分时，在"开始时间"栏目旁，②点击"快速获取当前播放的音频所在的时间点"按钮，如图 6-12 所示。

图6-12　截取需要的音频片段

第六步，在播放到需要截取的片段的结尾部分时，在"结束时间"栏目旁，①点击"快速获取当前播放的视频所在的时间点"按钮，②点击"播放截取的音频"按钮，试听所需音频是否正确，③点击"确定"按钮，保存操作，如图 6-13 所示。

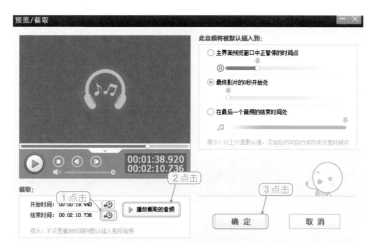

图6-13 试听音频

第七步，①检查音频特效是否正确，②点击"导出视频"按钮，如图 6-14 所示。

图6-14 检查与导出视频

6.2.3 添加字幕与调整时间线

当视频添加了配音、带歌词的背景音乐或是解说台词之后，用户可根据声音添加字幕，如图 6-15 所示。

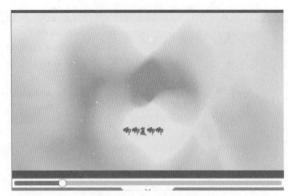

图6-15　添加字幕特效后的视频

　　视频中字幕的添加，能让观众更加直观地了解背景音乐的内容，也更利于观众在不方便打开声音的场合观看视频，有助于提高观众的体验感。接下来讲述如何使用《爱剪辑》来给视频添加字幕。

　　第一步，添加视频到《爱剪辑》。

　　第二步，点击菜单中的"字幕特效"，如图6-16所示。

图6-16　点击"字幕特效"

　　第三步，①双击画面中需要添加字幕的位置，②在弹出的"输入文字"对话框中，输入需要添加的字幕文字，③点击"确定"按钮，如图6-17所示。

图6-17　添加字幕内容

第四步，在"出现特效"选项卡中，选择合适的字幕出现特效，如图6-18所示。

图6-18 选择字幕出现特效

第五步，①点击"停留特效"选项卡，②选择合适的字幕停留特效，如图6-19所示。

图6-19 选择字幕停留特效

第六步，①点击"消失特效"选项卡，②选择合适的字幕消失特效，如图6-20所示。

图6-20 选择字幕消失特效

第七步，设置字幕的字体、字号大小、排列方式、对齐方式、颜色等，如图6-21所示。

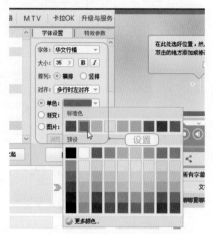

图6-21　设置字幕相关参数

第八步，①点击"特效参数"选项卡，设置特效参数，在"出现时的字幕""停留时的字幕""消失时的字幕"的特效时长处，填写"2.00"秒，在右下角可以看到字幕出现的总时长，②点击"播放试试"按钮，观看字幕效果是否满意，如图6-22所示。

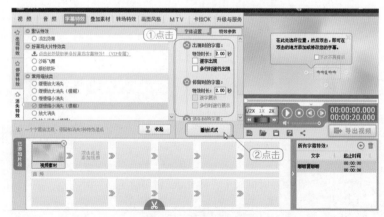

图6-22　设置特效参数

第九步，重复以上步骤，在需要添加的地方添加字幕，导出视频保存即可。

时间线的调整也可用《爱剪辑》来进行。《爱剪辑》的时间线功能名为"创新式时间轴"，可以进行包括时间线在内的多种功能编辑。

第一步，使用快捷键 Ctrl+E 打开"创新式时间轴"，打开后的界面如图6-23所示。

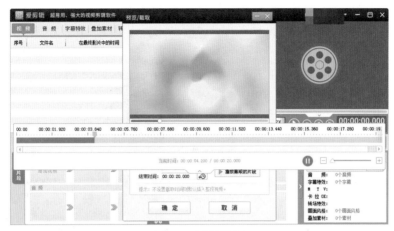

图6-23　打开时间轴

第二步，点击"+""-"按钮以放大或缩小时间轴来定位视频中的某一精确位置，如图 6-24 所示。

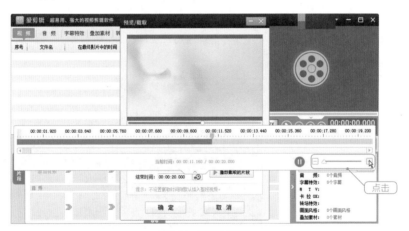

图6-24　定位时间轴

第三步，用户在时间轴上，按 Enter 键可跳至当前时间点；按住 Alt 键并左右移动鼠标，可拖动时间轴进行调整。

6.2.4　利用绿屏抠图变更场景

有时，播主需要对短视频进行更为"戏剧化"的处理，如更换背景。更换背景最早出现在特效电影的后期处理中，由于许多的效果与风景都无法在现实场景中展现，于是制作方会要求演员先在摄影棚内，利用绿屏作为背景进行拍摄，后期再进行绿屏抠图的调整。

同样地，在短视频中也有类似的做法，绿屏抠图可以让原本不那么理想的背景，变得更加"高级"，提升视频的格调。

Pr 全称为 Premiere，是由 Adobe
公司开发的一款专业剪辑软件，一般用
于广告与电视节目制作。其操作界面比
《爱剪辑》复杂许多，但可以完成许多
《爱剪辑》无法完成的专业视频调整，
绿屏抠图就是其中之一。

利用 Pr 可以为原本背景是绿幕的
视频素材添加任意背景。例如，将跳舞
的皮卡丘，放入冰天雪地中，如图 6-25
所示。

图6-25　皮卡丘在雪地中舞蹈的视频截图

想要制作出图 6-25 的视频，只需找到一段皮卡丘跳舞的绿幕素材，并添加一张雪地的背景图即可。接下来讲述如何利用 Pr 进行此类操作，具体步骤如下。

第一步，①打开软件，点击"文件"按钮，导入需要抠像的视频素材，或是②双击左下方状态栏的空白处，也可达到导入目的，如图 6-26 所示。

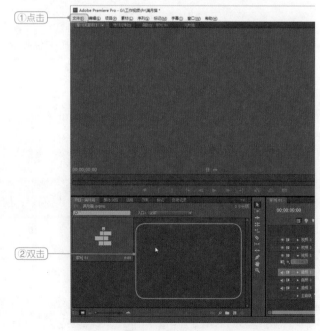

图6-26　导入视频

第二步，将绿幕视频素材拖动到时间轨道上，软件将会自动新建一个序列，如图 6-27 所示。

图6-27　新建序列

第三步，①在效果中搜索"颜色键"，②将视频特效下方的"颜色键"拖动到视频序列中，如图 6-28 所示。

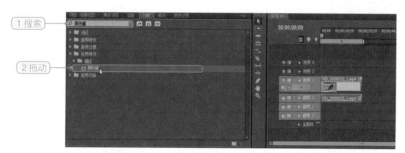

图6-28　颜色键

第四步，打开上方特效控制台，点击"吸管"工具，到视频显示面板吸取绿色背景，如图 6-29 所示。

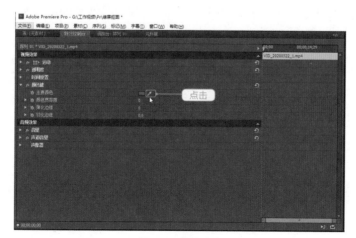

图6-29　吸管工具

第五步，用导入视频的方式导入背景图，切换轨道，将视频移动至轨道 2，将背景图片放在轨道 1，如图 6-30 所示。

图6-30　切换轨道

第六步，从软件中导出视频。

🎙️知识加油站　Pr 有许多不同的版本，在不同版本中，实现同一操作选用的工具可能并不一样。如"颜色键"功能，在其他版本中可能以"超级键"的形式存在，操作者要灵活运用。

6.2.5　利用工具为短视频添加特效

创作者除了可以用视频编辑软件对短视频进行正常剪辑外，还可以利用许多时下流行的软件工具为短视频添加特效。这些软件的操作方式往往比专业软件便捷许多，创造者使用它们可以制作出许多当下热门的短视频特效。美册的图标如图 6-31 所示。

图6-31　美册视频编辑器

播主可以利用美册 APP 来制作一些比较火爆的短视频，如"漫画脸女孩"，其制作效果如图 6-32 所示。

如图 6-32 所示的这类视频，只需要一张人像照片即可在美册 APP 中一键生成，具体制作步骤如下。

第一步，打开美册，点击"制作"按钮，如图 6-33 所示。

第二步，①点击"特效视频"按钮，在"漫画特效栏"中找到"漫画脸女孩"特效，②点击"漫画脸女孩"特效，或在搜索栏输入关键字搜索亦可，如图 6-34 所示。

第三步，进入"漫画脸女孩"特效后，点击"立即制作"按钮，如图 6-35 所示。

第四步，添加图片。点击界面正中央的"添加图片"按钮，进入本地相册选择合适的照片进行添加，如图 6-36 所示。

第五步，选择背景音乐。进入音乐选择界面，①通过"音乐库""本地音乐""从

视频中提取"三种方式来选择合适的背景音乐，②点击"确定选择"按钮，③调节
音乐音量，④点击"预览"按钮，对视频制作效果进行查看，如图 6-37 所示。

图6-32　"漫画脸女孩"制作效果

图6-33　点击"制作"

图6-34　点击"漫画脸女孩"

图6-35　点击"立即制作"按钮

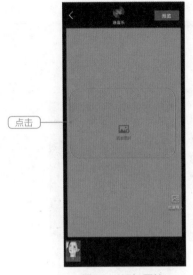

图6-36 添加图片

图6-37 选择背景音乐

第六步，如果对视频效果满意，则点击"下一步（确认无误）"按钮（如果不满意则点击界面左上角"〈"按钮，返回上一步重新编辑），如图 6-38 所示。

第七步，为制作的视频取标题，之后保存或分享。①在视频标题编辑处为视频取一个合适的标题，标题编辑完成后，②根据需要点击"保存本地"按钮或"发布并分享"按钮，将视频保存到本地或直接发布分享，如图 6-39 所示。

图6-38 点击"下一步（确认无误）"按钮   图6-39 保存或分享

不管是在手机端还是在 PC 端，能对视频进行剪辑加工以及特效制作的软件有很多，创作者可以多下载、多尝试，且在对视频没有剪辑思路时，可以参考同类型的优秀视频来获取灵感。此外，创作者也不用对某种特效"死磕到底"，如果一时间无法制作出理想的特效，可以转换思路，毕竟创新才是短视频的核心。

大家最关心的问题

1. 新手如何提高剪辑技术？

刚入门的新手想要提高剪辑技术，可以从以下三个方面入手。

第一，观看并拆分同类型优秀短视频。新手可以关注与自己账号定位类似的短视频账号，并观看与之相关的优秀的短视频，然后分解对方短视频每一帧的处理方式，包括转场。之后自己拍摄一个相似的短视频，对其每一个细节进行设计。

第二，直接关注剪辑教学类账号，进行学习。

第三，打开熟悉的剪辑软件，多练习，将每一种特效都转化为实操，不仅记在脑海中，更要记在"手上"。

2. 如何制作倒放视频？

在短视频中我们时常可以见到许多"魔术"和一些让人叹为观止的"神技能"，如泼出去的水可以收回，掉落的树叶可以重新回到树上，而这些"魔术"的原理都是倒放技巧。

很多人不知道，倒放视频这一功能在抖音 APP 中就可以实现。不管是新拍摄的视频，还是已保存在本地的视频，都可以在抖音的视频发布位置加工出倒放的特效。

创作者只需进入视频发布界面，拍摄一段视频或上传一段视频后，进入"特效"界面，在"时间特效"中选择"时光倒流"，然后点击"保存"，就可获得原视频的倒放视频。

不能无人喝彩：为短视频引来巨量粉丝

第7章

本章导读

　　粉丝的多少，是一个短视频账号能否顺利变现的关键因素。账号所拥有的粉丝越多，这个账号的变现能力就越强，而网红们恰恰是利用了这点，在短视频与直播中实现了变现。在短视频这个"流量为王"的市场，拥有了粉丝，就等于拥有了一切竞争的资本。那么怎样才能获取更多流量，并吸引更多粉丝呢？

7.1　引流从视频发布开始

引流不是把一条传送带上的食物从 A 处传送到 B 处那么简单，而是渗透在了短视频的每一个环节中，这项工作在视频发布时就已经开始了。接下来讲述播主在视频发布的阶段，可以运用的 5 种不同的引流方式。

7.1.1　发布时多用@功能通知粉丝

"@ 好友"是一个比较常用的促进短视频推广和提高账号关注度的方法，目的是利用主账号与好友账号的热度，为账号多吸引粉丝。以抖音为例，播主在发布视频时，可以在发布页面点击"@ 好友"，如图 7-1 所示。

进入"召唤好友"页面后，页面会显示主账号已经关注的用户，播主可从其中选择一位用户进行"@"，如图 7-2 所示。

图7-1　@好友　　　　　　　图7-2　选择用户

播主选择"@ 好友"的对象时，有两点需要注意：一是相关性，也就是说，"@ 好友"的对象一定要与短视频有一定关联。二是"@ 好友"热度，播主应该选择那些粉丝比较多的抖音用户，从而利用优质内容，吸引对方粉丝关注自己的账号。

🎙 **知识加油站**　播主可以在页面上方的搜索框中输入关键词，并点击"搜索"按钮，就可显示更多与关键词相关的抖音用户。

7.1.2　发布短视频时注意向热点靠拢

热点是指各类能在第一时间引起公众注意以及讨论的突发新闻或是重大事件，而热点体现在短视频中就是"热点话题"。以抖音为例，它的热点榜会持续更新，并进行热度排名，如图 7-3 所示。

从图 7-3 中可以看到，短视频平台中的热点拥有较高的热度，因此播主在发布视频时，就可以借助热点话题来吸引流量。具体的操作方式为：在发布页面点击"# 话题"按钮，就会自动出现匹配的热点话题，如图 7-4 所示。

图7-3　抖音热点榜

图7-4　抖音热点话题

在视频标题中插入相关话题可以获得更多流量。此外，如果对话题感兴趣的用户在也带有同一话题的其他短视频中点击话题，就有很大的可能会看到播主发布的短视频，也就在不知不觉中增加了其曝光量。

7.1.3　找准高效的发布时间段

每个短视频平台都拥有自己的观看流量高峰，播主在高峰时间段发布视频，会增加视频发布的曝光率。不过，不同类型的短视频，要注意选择适合自身视频风格的发布时间。

例如一些情感故事类型的短视频，可以选择在深夜发送，这样可以获得更多"夜猫子"的共鸣与点赞。而制作元气早餐这类短视频，则可以选择在早晨发布，让早起的上班族或是家庭主妇可以"现学现卖"。如此短视频才能真正做到为用户创造价值，并给用户留下深刻印象。

🎙 **知识加油站**　据抖音官方数据显示，流量高峰期常出现在工作日的早、中、晚饭时间前，所以在抖音发布短视频的黄金时间是 11：00 ～ 13：00、18：00 ～ 19：00、21：00 ～ 22：00。

7.1.4　发布时间要有规律

由于一个账号的风格定位是统一的，所以播主在选定合适的发布时间后，应当遵循属于自己的发布规律，如"每晚 19：00 更新"，或是"每周日上午 10：00 更新"。

有规律地发布短视频，不仅可以创造出属于自己的短视频制作与发布周期，更重要的是能够培养用户的习惯。用户习惯并非一朝一夕就能养成，而是要经过长时间的培养，而一旦养成后，对于平台或是账号是极为有利的，"双十一购物节"就是一个典型的例子，在网购用户形成"每年 11 月 11 日就是要购物的节日"这一概念后，"双十一"的销售额一定是一年比一年高。同样地，培养用户习惯对于短视频发布也是极为重要的。

短视频领域中，播主想要培养用户习惯，第一步是让用户喜欢上自己的内容，第二步是引导用户点赞、评论以及自发地转发，第三步是吸引用户关注账号，视频内容质量高的播主可以将前三个步骤一步到位，而最后一步则是让用户心甘情愿按时来"蹲点"播主的短视频或是直播。这才是对用户造成了影响，既能增强黏度，也无形中培养了用户习惯。

7.1.5　短视频文案要足够吸引人

短视频的文案包括三个部分，即短视频的标题，视频中出现的所有文字信息，以及画外音。视频中出现的文字信息是指字幕，还有视频中的拍摄物体上显示的文字等等。短视频的文案是十分重要的，因为它有时更先于内容，决定了用户是否会观看下去。

播主想要写出好的短视频文案，首先要明确本条视频的核心卖点是什么，再由此进行思路发散。同时，还要注意兼顾4个目的，分别是：营造场景、抓住粉丝痛点、细节描述、思考能给粉丝带来什么改变，这样才能提高转化率，获得更多的点赞与评论，促使用户主动转发。

好的短视频文案不在少数，例如抖音中，一条与"答案奶茶"相关的短视频，其标题文案"错过的人，如何挽回！！！"就比较吸引观众的注意力，如图7-5所示。

标题文案只用了短短几个字，就从情感的角度吊足了人们的胃口。并且在视频中，播主揭开答案奶茶的贴纸后，里面出现"算了吧"三个字，这时伤感的背景音乐响起，瞬间把用户带到了播主营造的情境中。

图7-5　"答案奶茶"短视频文案

在这条时间并不长的短视频中，播主运用寥寥数字的短视频文案，为一杯奶茶赋予了额外的情感含义，由此这条短视频也收获了超过14万的点赞数。

7.2　站外多渠道引流

站外引流也是短视频运营团队常用的一种重要推广方式，在短视频平台内打造热点固然是视频获得高流量的关键，但还应借助多种站外渠道引入粉丝，加快账号的成长速度。

7.2.1　站外推广的几个要点

在短视频以外的社交平台，进行短视频引流与推广的工作，一般被称为"站外推广"。站外推广的场所、目的、规则与站内都有极大的不同，运营者需要坚定思路，重点关注以下两个关键要点。

1. 不同的定位

既然是在其他平台为短视频引流，那么增加短视频账号的流量才是关键，这就决定了站内与站外在运营层面上的不同。比如某账号扎根在抖音，并决定在微博进行引流，那么它在微博上发布的内容应当具有一定的引导性，可以将这里的用户引向抖音。在发布频率方面，微博也许是低于抖音的；而在与观众的互动上，微博则多于抖音，所以运营团队在微博评论区投入的精力也许需要更多一些。

2. 三个关键指标

短视频在站外平台的点击率、完播率、关注率，是决定引流是否成功的关键。点击率代表有多少用户对于这条视频感兴趣，视频的点击率越高，愿意前往站内进行互动的观众就越多。

完播率是反映视频被完整播放的概率，即将视频播放完毕的用户占打开视频用户数量的百分比。完播率越高，看完视频的观众就越多，营销、推广与引流的效果也就越好。仅从引流方面来讲，完播率越高，观众被引流到目标平台的可能性就越大。

关注率越高，表明观众对视频账号的认同率越高，这样的观众通常不会抵触在多个平台关注同一个喜欢的账号，这样的观众被引流的可能性也越高。

7.2.2　各大视频网站同步发力

在短视频行业中，曾在 A 平台起家，后来因为种种因素将运营重点转移至 B 平台的案例屡见不鲜，一般情况下，这类情况的产生是由于 B 平台已经逐渐成为了行业的佼佼者，而 A 平台的流量与用户越来越多地在流失，运营者在理性预估下，认为原平台已经不具备光明的前景了，于是进行了平台转移。

但极少有账号，在运营重心转变以后，会放弃原平台的账号。这不仅是因为经营许久的账号具有十分珍贵的价值，更因为原平台的账号可以慢慢转化为新平台引流的绝佳入口。

短视频运营者同样可以采取这种方式为新晋账号做引流，但在这个过程中，要区分清楚哪个平台是运营重点，然后在不同的平台进行不同的规划，如不同的运营侧重点、不同的文案编写、不同的发布频率。

7.2.3　微信朋友圈：亲密度高，互动性强

朋友圈与其他社交平台最大的不同是，它是一个相对封闭的社交环境，用户能在这里刷到的大多都是自己熟悉的人的动态，所以也会更重视这些人发布的信息，这是朋友圈相较于其他平台的优势，如图 7-6 所示。

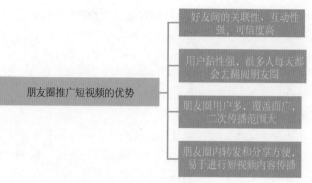

图7-6 朋友圈推广短视频的优势

在朋友圈中进行短视频推广，运营者应该注意以下三个方面的内容。

- 注意开始拍摄时画面的美观性。因为推送到朋友圈的视频是不能自主设置封面的，它显示的就是开始拍时的画面，所以运营者可以通过剪辑视频来保证推送视频"封面"的美观度。
- 做好文字描述。一般来说，发布在朋友圈中的短视频，好友对其"第一印象"都来源于短视频的封面。因此，在朋友圈短视频的开头，播主就应当想办法把重要信息放上去。这样的设置一来有助于大家了解短视频的内容，二来可以利用具有吸引力的文字，促使好友点击视频播放，甚至进行转发传播。
- 利用好朋友圈的评论功能。朋友圈中的文本字数如果太多，是会被折叠起来的，为了完整展示信息，播主可以将重要信息放在评论里进行展示，这样就会让浏览朋友圈的好友看到更多的有效文本信息，也有利于短视频的推广。

🎙 知识加油站 在微信朋友圈中，播主如果想要设置出让好友"一目了然"的视频主题，可以在视频片头设置一个专门的封面，并在封面上添加字幕，直接表达该视频的主题。

7.2.4 微信公众号与QQ空间：多形式推广，多维度引流

微信公众号，是个人、企业等主体进行信息发布并通过运营来提升知名度和品牌形象的平台。播主如果要选择一个用户基数大的平台来推广短视频内容，且期待通过长期的内容积累来构建属于自己的品牌，那么微信公众号平台是一个很好的选择。

在微信公众号上，播主可以采用多种形式进行短视频推广，其中使用最多的形式有两种，分别是"标题＋短视频"的形式和"标题＋文本＋短视频"的形式，十分有利于企业进行不同形式推广内容的传播。

如果微信公众号在打造有着相同主题的系列短视频，还可以把视频组合在一篇文章中联合推广，这样更有助于受众了解短视频及其推广主题。

QQ空间是一个推广短视频的好地方。在做视频推广时，播主应该先建立一个昵称与短视频运营账号相同的QQ号，这样能让粉丝更直观地认识到，该账号就是短视频播主在另一个渠道开设的账号，有利于积攒人气，吸引更多用户前来关注。7种常见的QQ空间推广短视频的方法如图7-7所示。

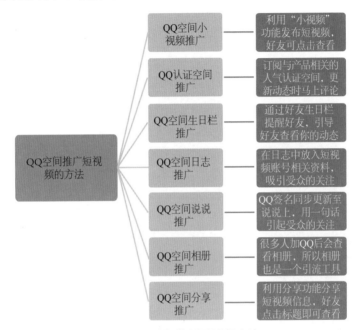

图7-7　QQ空间推广短视频的方法

7.2.5　微信群与QQ群：一对多，对象精准

在QQ群与微信群中，群内任何成员在群中发送信息，其他成员都会收到新消息提示。因此，通过社群推广短视频，可以保证推广信息到达受众，那么，受众对信息做出反应的可能性也就更大。

QQ群、微信群内的用户通常都是基于一定目标、兴趣而聚集在一起的，因此，运营者如果推广的是专业性比较高的视频，就可以选择这一类平台。

除此之外，由于定位不同，用户可以通过公开查找，添加QQ群，而因为隐私性，微信群是做不到这一点的。所以，QQ群比微信群更易于添加和推广。

同时，QQ群有许多热门分类，短视频运营者可以通过查找同类群的方式，加入"同好群"，然后再进行短视频推广。在QQ群进行短视频推广的方法一般来说有6种，如图7-8所示。

可见，利用 QQ 群话题来推广短视频，播主可以通过相应人群感兴趣的话题来引导 QQ 群中用户的注意力。如在摄影爱好群里，可以首先提出一个摄影人士普遍感觉比较有难度的摄影场景，引导大家评论，然后播主再适时分享一个能解决这一摄影问题的短视频，吸引大家关注，之后再引流就会有较好的效果。

图7-8　QQ群短视频推广的方法

7.2.6　微博：用好@、#，蹭蹭热门话题

截至 2019 年 2 月，新浪微博的月活跃用户数达到 3 亿，同时，在这个拥有海量用户的平台中，25 岁以下的年轻用户占用户总量的 57.4%。可见，短视频这类同样面向年轻用户的媒体形式，在微博上能达到非常显著的引流效果。而播主在微博中，主要利用微博的"@"功能与热门话题，来进行短视频推广。

首先，播主在进行微博推广的过程中，一定要重视"@"功能，这一功能非常重要。在博文里，播主可以 @ 明星、媒体、企业，如果媒体或名人回复了播主发布的内容，播主就能借助回复者的粉丝扩大自身的影响力。因为如果明星在某篇博文下方进行评论，那么其粉丝则会被引至这条微博，如果微博内容十分出彩，账号则会收到很多粉丝及其他微博用户关注，发布的短视频就十分容易被推广出去。例如汤达人曾在微博中"@"刘昊然，于是这一微博受到了来自刘昊然广大粉丝群体的关注，并在该条微博下积极评论，提升了关注度，如图 7-9 所示。

其次，微博"热门话题"是一个制造热点信息的地方，也是一个聚集网民数量最多的地方。在发送微博时，发送页面的下方有一个"#"符号，点击进入后，页面会显示用户最近使用过的话题、时下的热门话题以及其他不同的话题分类，如"美食""时尚美妆""动漫"等，用户也可以在页面上方的搜索框中，运用关键词搜寻自己想要的热门话题。在找到合适的热门话题后，点击话题，即可将该话题插入即将发送的微博中，如此一来，在用户搜索这一话题时，该微博也会在页面中显示出来。

热门话题可以大大地提高该条微博的曝光率，播主要利用好相关热门话题，推广自己的短视频，同时发表自己的看法和感想，从而提高阅读量和浏览量，为短视频账号引来更多流量。某播主利用热门话题，发布带有短视频的微博，如图 7-10 所示。

该播主利用"# 像极了第一次化妆的我 #"这一热门话题，发布了一段影视剪辑的短视频，让查看该热门话题的用户，都能看到自己发送的这条微博，不仅增加了该条微博以及自身微博号的流量，还为该条微博中适时透露出的自身短视频账号进行了引流。

图7-9　汤达人@刘昊然

图7-10　热门话题

7.2.7　今日头条：流量大，易出"爆款"

在这个信息爆炸、生活节奏加快的时代，大部分平台都充分利用人们的碎片化时间进行信息传递。在这样的前提下，利用资讯平台来推广短视频是一种比较理想的方式。资讯平台上的短视频，依靠其传播迅速这一特点，带动了庞大的流量，在更短的时间内，将短视频推广给更多用户，从而使得推广效果更上一层楼。

1. 从热点和关键词上提升推荐量

"今日头条"的推荐量是由智能推荐引擎机制决定的，一般含有热点的短视频会优先获得推荐，且视频所含热点时效性越高，其推荐量也就越高。因此，播主要善于寻找平台上的热点和关键词，以此来提高短视频的推荐量。

- 热点。"今日头条"上的热点每天都会进行更新，播主可以在发布短视频前，查看平台的热点，然后找出与要上传短视频相关联的热点词，根据热点词来取视频标题即可。
- 关键词。关键词与热点词相比，持久性更强。运营者可以在短视频标题中加入与视频内容相冶的关键词，从而提升短视频的推荐量。

2. 做有品质的标题

"今日头条"的标题是影响短视频推荐量和播放量的一个关键因素。一个好的标题往往会有较好的引流效果，"今日头条"中就有很多"博眼球"的标题。但需要注意的是，标题除了要抓人眼球外，还要表现出十足的品质感。此外，播主在依照平台规范，推广视频时，还要留心观察平台上播放量较高的短视频的标题，如此才能创作出一个优秀的标题。

在"今日头条"APP中，首页上方就有"小视频"这一分类，而排在小视频页面最上方的短视频都拥有高播放量与高点赞量，播主可以多观察，分析、总结该平台用户喜欢的短视频标题规律，依照总结出的规律撰写要推广的短视频标题。"今日头条"小视频页面，如图7-11所示。

图7-11 　"今日头条"的
高赞短视频

3. 严格把关视频内容以更快过审

"今日头条"的短视频发布由机器和人工二者共同把关。待发布的短视频首先通过智能的引擎机制对内容进行关键词搜索审核。其次，再由平台编辑进行人工审核，确定短视频值得被推荐才能通过审核。最后，在审核通过后，先是智能分发把短视频推荐给可能感兴趣的用户，如果点击率高，再进一步扩大范围把短视频推荐给更多兴趣相似的用户。

另外，由于短视频内容的初次审核是由机器执行，因此，播主在用热点或关键词取标题时，尽量不要用语意不明的网络用语或非常规用语，这会增加机器理解障碍。

7.2.8 贴吧论坛：人气足，方便带节奏

在社交软件还未普及之时，贴吧与论坛一直在网络社交中占据着重要地位，虽然后期出现了许多新社交平台，让贴吧与论坛的热度有所下降，但它们仍然可以作为短视频引流的场所。在贴吧、论坛上引流应把握以下几点。

1. 选中合适的主题贴吧/论坛

不同类型的账号一定要匹配不同类型的贴吧或是论坛，如百度贴吧中会有不同类型的贴吧分类，以娱乐明星这个大类为例，在这项大分类下，还有更细化的分类，如港台明星、东南亚明星、内地明星、韩国明星等。短视频运营团队在贴吧论坛进行推广的第一步，是寻找合适的引流地点，如果账号内容是讲述关于韩国明星的出道故事，那么播主就应当选择百度贴吧中关于韩国明星分类的贴吧进行引流。百度贴吧的详细分类如图7-12所示。

图7-12 百度贴吧首页分类

2. 多个账号营造热度

如果不是精准地对某个贴吧或论坛中的用户喜好、热点进行捕捉，主账号是难以做到"一炮而红"的，通常情况下需要运营团队同时对多个账号进行运营，主账号发帖，其余小号跟帖，为主账号营造热度，保持帖子不"沉下去"，才能有机会被更多用户浏览，引发更高的热度。一般建议运营团队注册 3 个或 3 个以上的账号来共同进行推广引流工作。

3. 养成高级账号

运营团队在注册好贴吧或论坛的账号之后，也需要经历"养号"的阶段，在这个阶段，需要操控账号多参与热门帖子的讨论，至少与常驻用户"混个脸熟"，建立"亲密度"，才好进行接下来的引流。

初级阶段完毕后，就需要培养高级账号了，对于热门论坛，运营团队可以使用账号与论坛成员建立互动关系，提高账号知名度、美誉度、权威性，使该账号成为该社区的舆论领袖，从而使由该账号发布的内容更具说服力。具体如何晋升账号等级，可以查看特定论坛或贴吧中的账号升级指南。

7.3 短视频播放与引流数据分析

在为短视频账号进行各方面引流工作之后，运营团队还需要对各项数据进行分析，以找出目前存在的、仍需改善的问题，寻求改进的方法。

7.3.1 了解常见指标：点击率、评论率、转发率、收藏率、涨粉量

常见的短视频运营5大指标包括点击率、评论率、转发率、收藏率、涨粉量。运营者首先要对这5大指标的含义和作用有所了解，才能利用它们来进行分析。

- 点击率。点击率是指视频被点击的次数与被显示次数之比，即点击量/展现量×100%，其结果一般以百分比的形式呈现。点击率一般用来衡量视频吸引人的程度，同时也反映了该视频的受关注程度。

- 评论率。评论率是指视频评论的次数与播放次数之比，即评论量/播放量×100%。评论率可以反映视频选题的受欢迎程度和观众的讨论欲望。

- 转发率。转发率是指转发次数与播放次数之比，即转发量/播放量×100%。转发率是表达用户分享行为的直接指标，说明观众认可视频表达的观点和态度的程度，或对于视频内容是否具有共鸣。通常转发率高的视频，带来的新增粉丝量也较多。

- 收藏率。收藏率是指收藏次数与播放次数之比，即收藏量/播放量×100%。因为用户收藏的初衷是为了再次观看视频，所以收藏率能够反映出用户对短视频价值的肯定程度。美食、美妆、健身等方面视频的收藏率一般比较高。

- 涨粉量。涨粉量是指视频发布后新增关注的用户数量，但还要减去同时取消关注的用户数量，所以涨粉量是新增关注用户数减去取消关注用户数的结果。

7.3.2 视频发布之后的初始推荐量非常重要

初始推荐量对于短视频后期的发展极为重要。当视频发布之后，平台会给视频分配到一个流量池，然后根据该视频在这个流量池的表现，决定要不要将这个视频推荐给更多的人看，在短视频进行初次推广时给予的推荐量就是初始推荐量。在这个规则下，不论是新号还是"大V"，只要能够产出优质内容，就有机会成为"爆款"视频。

通常情况下，在短视频发布后的一小时内，平台会根据视频的播放量、完播率、点赞数、评论数等数据来判断该视频是否受欢迎，从而决定是否继续推荐这个视频。如果视频第一次或者某一次转播的效果不好，没能进入更大的流量池，平台就不会持续推荐该视频，这个视频的数据也就很难提高，所以视频发布后的初始推荐量是非常重要的。

7.3.3 同期发布的多个短视频数据差距较大是怎么回事

运营团队想要解决同期发布的多个视频数据差距较大的问题，首先要了解一个概念——同期数据。

同期数据是指同一个视频在同一时期播放量的数据，即相同时间内，同一个短视频在不同平台或者不同渠道的播放量。因为不同短视频平台对各种类型短视频的喜好程度是不同的，所以同一视频的数据差距可能会比较大。

因此在发布视频之前，运营团队需要了解、测试各个短视频平台的活跃度，并熟悉每个平台的类型，然后将自己的短视频投放到合适的平台。在不同平台发布短视频时，运营团队可以根据平台的类型，来撰写区别性文案，从而获得不同平台的流量。

7.3.4　分析相近题材短视频的数据

运营团队在刚刚进入短视频行业时，学会分析、评估与自身账号具有类似风格定位的播主的数据，是非常重要的。这项工作可以通过各种数据平台来进行，例如利用飞瓜数据、卡思数据等平台。

分析与自身账号定位类似的短视频，应当首先从对方的用户画像入手，分析对方粉丝的性别、年龄、地域、甚至星座等数据。其次是分析相近题材短视频在平台中的受欢迎程度，受众人群基数以及同领域排名较高账号的各项数据，例如粉丝数、点赞量、评论量等。运营团队应当通过各种数据整合，绘制出条形图或折线图将自身短视频数据与热门短视频进行对比，分析在题材相近的情况下，为什么对方的短视频成为"爆款"，从中学习对方的长处。

7.3.5　分析"爆款"短视频的数据

"爆款"短视频的数据很具有参考价值，因此运营团队应当将"爆款"短视频的数据纳入数据分析工作中。"爆款"短视频的各项数据维度一般都会比普通短视频的要好，这些数据包括了视频播放量、点赞量／率、分享／转发量、评论量／率、收藏量／率、完播率、涨粉量。运营团队可通过数据平台或者视频平台，获得当天或当月的"爆款"短视频名单以及数据进行分析。

为什么别人的短视频能够成为"爆款"？除了好的策划之外，引起共鸣的内容同样至关重要。如果是同领域短视频遥遥领先，有可能是竞争对手创作了一个新类型的短视频形式，从而吸引了更多人关注。这种情况对于运营团队来说，也很可能是一个很好的学习机会以及发展机遇，运营团队可以选择采取跟进的策略，也可以学习对方的制作经验改良或优化出新的视频形式。

7.3.6　根据最终成绩和原定成绩的差距来改进工作

数据分析应当成为短视频策划、发布的指导，并在实践过程中不断地进行验证，所以，将视频发布的成果与预期成绩进行对比是十分关键的。通过二者的对比，可以总结对应短视频制作、发布、互动全过程中的优点并继续保持，以及对仍然不够完美的部分进行优化。一般二者对比结果不外乎以下三种。

- 第一种。顺利完成原定成绩目标。
- 第二种。超预期完成并取得优秀成绩。
- 第三种。没能完成原定成绩目标。

作为运营团队，不能只在浅层数据分析（点赞量、粉丝量、完播率等）的程度逗留，还需要深入运营的整体诉求以及投入产出等目标维度进行对比，才能得出最终成绩，并根据结果来进行下一次的优化改进。

假如短视频的最终成绩和预期成绩差距比较大，那么必须返回到根源上进行反省。在此过程中，运营团队可以将短视频账号中的主要数据，以图表的形式制作出来，更加具象化地进行重点优化，从策划和后期制作等方面入手进行改善。

大家最关心的问题

1. 如何通过文案提高短视频的转化率？

好的文案可以为视频内容锦上添花，并提高用户的转化率。运营团队如果想要做到提高文案的转化率，可以从以下4个方面入手。

（1）抓住用户痛点

痛点本质上就是用户的需求，短视频运营团队需要转化思维，将自己当作用户，深入其内心，才能了解用户的痛点是什么。有条件的团队还可以运用组织用户群体调查的形式来获取用户的痛点。在文案中，应该开门见山地直接将用户的痛点摆出来，并表示接下来视频内容中有解决这一痛点的方法，如此就能很好地将用户引入短视频，自然能做到提升转化率。

（2）营造场景

营造场景是指在文案中需要给到用户这款商品的特定使用场景。例如，介绍口红时，一支在约会时使用的口红，或是一件在年会中穿着的小礼服。运营团队要将商品所处的场景尽量详尽地表达出来，让观众产生信服感。

（3）细节描述

细节描述与上一步有些许类似，需要给到用户更为细致的描述与引导，具体来说就是在文案营造的场景中，增添更多的细节，并对这些细节进行一定的强调，这样能让用户产生更多的心理联想。

（4）思考视频能给用户带去什么改变

在文案中直接体现视频对用户的价值，即能给用户带去什么好的改变，就能吸引用户点击。如一条春季穿搭的短视频，如果直接用"春季穿搭"作为标题，明显是不够吸引人的，但将标题改为"早春这样搭配，不用花钱买新衣"，就会让用户产生隐性的期待，觉得可以在视频中学习更高级的穿搭技巧，提高旧衣服的利用率，如此用户便很有可能转发这个视频。

2. 如何用数据指导短视频运营？

数据对于运营的指导作用是非常大的，但大部分运营者并不了解。要用数据指导短视频的运营工作，可以从以下两个方面进行。

（1）对于时间方面的指导

举例来说，据红杉资本的调查报告显示，超过70%的"00后"，会在18：00～24：00使用泛娱乐应用。虽说这一点并不能代表全年龄段的用户的使用习惯，但从常识可以得知，大部分用户在9：00～18：00通常处于学习或工作状态。结合短视频账号的个体数据，可以得出这样的运营经验：刚刚起步的短视频运营者可以将21：00～22：00作为发布短视频的时间，因为这个时间段短视频使用人数即将达到高潮。而相对较成熟的短视频运营者则可以将发布时间定在18：00左右，这有助于发现并收获新的粉丝。

（2）对于运营方向的指导

运营方向是指短视频市场中的不同领域或是不同的运营方式。短视频运营团队在一段时间的运营后，总会需要进行新的尝试，那么这时如何验证这一尝试是否正确呢？这时就是数据说话的时候了。短视频账号在尝试新的方向时，数据会反映出观众对这一改变的喜爱程度，运营团队这时可以根据数据情况，决定是否继续该方向的尝试。

以上只是对于数据指导运营的两方面说明。短视频市场不断发展，数据更深层次的含义与作用，等待新加入的运营者继续发掘。

短视频账^{第8章}号运营攻略

本章导读

　　短视频运营是新媒体运营的一个专业分支，从不同的角度可以细化成不同的流程体系。短视频运营能帮助账号进行优质内容分析，数据的分析与反馈，用户的定位与反馈收集，以及进行优化调整，帮助短视频账号清晰自身定位，时刻跟踪热点，制作出优质的短视频。短视频运营包括用户运营、产品运营、社群运营，甚至活动运营。

　　刚进入行业的短视频运营团队需要重点了解用户运营，以及账号权重的相关知识，包括如何利用工具将视频推上热门，建立高效的运营矩阵，等等。如此，才能在实践中掌握账号运营的基本思路，明确后期账号跨领域发展的大致方向。

8.1　用户运营全流程

用户是短视频运营团队的"上帝"，在短视频的运营工作中，针对用户有一套完整的运营流程。通过这个流程可以让用户最终转化为消费者，达到变现目的。

8.1.1　获取种子用户

种子用户是指新产品的第一批用户，在此特指第一批关注短视频账号的用户。在账号创建初期，获取足够多的种子用户，是短视频内容生产者初期运营的重心。有效的种子用户获取方法有以下4种。

1. 增加曝光率

曝光率决定着短视频是否能被更多用户看到，同时也在一定程度上决定着粉丝的转化率，运营团队如果想要增加曝光率，可以从以下四个方面着手。

（1）多渠道转发

运营团队可以利用个人的社交关系和影响力，在朋友圈、微信群、知乎、贴吧、微博等渠道转发视频，从而增加视频的曝光率，以此获取更多用户的关注。此外，利用微博"粉丝通""粉丝头条"曝光视频，也是不错的方法。

（2）参加挑战和比赛

很多短视频平台都有挑战项目，这些项目一般都会自带巨大的流量。例如，抖音每天都有各种热门话题和挑战活动；今日头条的"金秒奖"是短视频行业内标准比较高的赛事，播主加入比赛，不仅可以让自己的视频获得曝光，还可以向优秀的短视频同行学习。

抖音的一个热门话题"医学生"，其相关短视频已经播放超过 2.1 亿次，吸引了许多播主进行跟拍，如图 8-1 所示。

图8-1　抖音热门话题"医学生"

（3）输出优质内容

优质的短视频内容是稀缺的，也是最容易传播的。短视频运营团队应当策划出优质的内容，在各大网站发布，从而带动阅读量，嵌入自己的短视频，进而带来用户关注，也是一个有效的方式。

（4）付费推广

许多平台提供了付费推广渠道，如新浪微博的"粉丝通"和抖音的"DOU+"，运营团队通过这些途径，可以提高视频的曝光量。

🎙 **你问我答: 什么是"新浪粉丝通""DOU+"？** 新浪微博粉丝通是基于新浪微博海量的用户，把企业推广信息广泛传递给粉丝和潜在粉丝进行产品营销。新浪微博推广会根据用户属性和社交关系将信息精准地投放给目标人群，同时微博粉丝通也具有普通微博的全部功能，如转发、评论、收藏、点赞等。用户即使没有关注企业号，也能看到微博推广的广告。

"DOU+"是抖音推出的短视频播放推广工具，可以将视频推广给更多用户，支持自投放和代投放。使用"DOU+"的短视频会出现在抖音的首页推荐流里，根据抖音的高效智能推荐算法，展现给可能对该视频感兴趣的用户或潜在粉丝。

2. 蹭热度

蹭热度可以让账号展现在更多用户面前，这样能大大提高感兴趣的用户对账号的关注率。蹭热度一般有两种方式，分别是评论热门微博和蹭热点。

（1）评论热门微博

运营者在流量比较大的大 V 或热门微博下面评论、回复，分享自己的观点，帮别人解决问题或交流问题，用精彩独到的观点引起别人的关注，也可以为视频获取流量。

（2）蹭热点

热点新闻、热点话题往往自带流量。例如，2018 年某古装剧大热之后，网红"辣目洋子"立即围绕该剧拍摄了一系列视频，因此而走红，如图 8-2 所示。

3. 活动推广

定期或不定期地举办活动进行推广，也是短视频账号获取种子用户的一种方式。活动推广可以通过两种方式进行：一是转发抽奖；二是线下推广。

（1）转发抽奖

转发抽奖是经常被各类播主使用的活动推广形式。一个合适的奖品是转发抽奖活动奖品成功的关键，这

图8-2 抖音账号辣目洋子

些奖品可以是用户感兴趣的礼品，也可以是其他形式，如向某领域成功人士一对一提问的机会。最重要的是，奖品一定要能激励用户参与活动，如此活动才能得到推广。

（2）线下推广

成功的线下推广能够以比较低的成本精准地吸引用户群体。线下推广的活动形式多种多样，如扫码关注送小礼物，穿独特的卡通衣服吸引路人。运营者在进行线下推广时，场所应尽量选择在商场、地铁站、高校食堂等人多的地方，同时一定要提前和场地工作人员协商好推广的注意事项，如此活动才能顺利进行。

4. 导流

短视频团队与其他的自媒体人或是平台进行合作、相互导流也是沉淀用户的不错方式。但运营团队在做导流之前，应提前了解各平台之间的导流规则和平台特色，如腾讯系平台与阿里系平台之间不允许互相导流，今日头条与腾讯系平台之间不允许互相导流，微博的兼容性比较好，适合粉丝沉淀。

8.1.2　多渠道引流与"老带新"，快速扩大用户群体

在种子用户积累到一定阶段后，账号已经发布了许多优质的短视频，这时运营团队就可以开始筹划通过其他渠道为短视频账号进行引流了。这里的其他渠道是指当下年轻人聚集较多的、除短视频以外的平台，包括了微信、QQ、微博、今日头条等平台。

1. 微信、QQ引流

微信与QQ是广大网民使用最多的两款社交软件，用户与用户之间以好友关系的形式链接在一起，可以进行两人以及两人以上的聊天。运营团队常用微信群以及QQ群为短视频引流。

微信较QQ而言更为私密，所以微信群一般是以人际关系为纽带进行组建，也就是说，处在同一个微信群中的两个用户之间，存在一定的关系，如亲人、同学、师生、同事等。在微信群中运营者可以借助人际关系邀请用户移步短视频平台，对自己的账号进行关注、点赞等，通常情况下受邀者会应邀前往，如果短视频内容优质有趣，那么相当于为账号吸引了一位高黏度的粉丝。

在QQ中也可以通过以上方式进行引流，除此之外，还可以通过搜索功能，加入特定QQ群，定位到需求一致的用户群体，针对性地进行推广。如摄影知识类账号的运营者，搜索"摄影爱好群"并加入，之后在群成员对天空拍摄技巧这一问题进行讨论时，适当地分享自己发布的关于拍摄天空技巧知识分享的短视频，这样既不会引起群成员的反感，也吸纳了对应的用户群体。

2. 微博、朋友圈、QQ空间引流

将朋友圈、QQ空间与微博一同讲述，是因为三者具有共同特征。浏览微博、朋友圈、QQ空间与在对话框中聊天是不同的，浏览者的目光会被纷繁复杂的信息所吸引，往往在不到一秒的时间内就要决定是浏览这条动态，还是直接略过。

如果说将用微信与QQ的聊天功能进行引流比作"一对一家教"，那么微博、朋友圈、QQ空间引流就是一位老师同时给一百个学生讲课，后者很难对每个对象都产生极强的作用。所以在微博、朋友圈、QQ空间中发布的引流短视频一定要突出重点标签，即在封面、文案等方面设置关键词甚至是话题，才能吸引感兴趣的用户去到短视频平台。

3. 今日头条引流

与微信、微博等渠道相比，今日头条是唯一能够直接与短视频平台中的抖音APP链接的，而今日头条的流量十分丰厚，许多运营团队甚至会选择先注册头条号，再用头条号登录抖音，二者链接后，如果出现"墙内开花墙外香"的情况，也就是某条短视频在抖音发布没能"火"起来，但在今日头条"爆"了，那么它会反作用于在抖音发布的短视频，带动短视频的流量。

4. 其他渠道

除以上提到的渠道外，运营团队如有余力，还可以开拓像贴吧、论坛之类的其他平台作为引流渠道，具体方式可以参见第7章内容。

多渠道引流要切记一个原则：无论在何种平台，先混熟，再引流。因为运营团队的目的是进行推广，所以"强行硬广"是大忌。

8.1.3 组建自己的粉丝群并进行管理

社群推广是短视频账号推广的有效方式之一，运营团队在建立自己的社群后，基于同一喜好而聚集的粉丝会在交流中产生凝聚力，同时作为运营方也能与粉丝进行良好互动，如此一来粉丝的留存率自然会得到提高。

在做社群推广时，运营团队可以先加入各种与自身账号受众相同的社群，然后与社群的粉丝建立良好关系，最后再进行账号宣传，这样就可以很好地吸引用户关注自己的短视频平台。等账号积累一定数量的粉丝以后，再以优惠等方式，将粉丝引到自己的社群中。

在建立好粉丝群之后，运营团队需要对粉丝群进行管理，并借助粉丝的力量发展自己的短视频账号，在此过程中还要努力思考打动用户产品的功能点、需求点是什么，在发现用户需求的同时，与社群中的粉丝进行互动，来检验发掘的用户痛点是否正确。

之后，运营团队可以构建一个贴合用户需求的运营推广框架，将宣传点包装成软文等形式，向粉丝社群推广，最后用数据来检查社群推广的情况，摸索推广中的薄弱环节，并逐步完善推广细节。

🎙️**知识加油站** 运营团队在将粉丝引入社群后，需要采用不定时红包或其他方式来与粉丝进行互动，以此稳定核心粉丝群体。

8.1.4 提升粉丝活跃度，防止用户流失

每一位短视频的运营团队都期望自己账号的粉丝量能持续上升，但"关注"与"取消关注"的权利掌握在用户手中，而用户心理具有一定的不可控性，所以老用户的流失是不可避免的，那么如何能最大限度地保证用户不流失呢？这就要求运营团队在账号运营过程中，做到价值输出、利益提醒、保持互动三个要点。

1. 价值输出

用户通常是因为被账号的某种特质所吸引，才会选择关注这个账号，因此运营团队一定要在自己的账号中进行一定的价值输出，这样才能吸引粉丝持续地关注自己的账号。

如果将粉丝们比作鱼塘中的鱼，那么运营团队的账号就是一个大的鱼塘，如何才能留住鱼儿，让它们不溜去别的鱼塘呢？最直接有效的办法就是向鱼塘里投食。并且投食的频率不能太低，要定期、保质地向鱼塘中投入有养分的食物，这样不仅能留住鱼儿，还能把鱼儿养肥。

引申到现实中，就是运营团队要在自己的垂直领域中不断深挖，并提高自身视频的"干货量"，不断给粉丝带去有价值的东西，如此才能有效地留住粉丝。

2. 利益提醒

运营团队要明白一点，粉丝的需求或许各式各样，但是有一点是共同的，就是希望从关注的账号这里获得一些好处，所以运营者想要拉近与粉丝的距离，防止其流失，就需要在进行活动推广时，适当给粉丝一些利益，以保持其持续的吸引力。

如前面提到过的在粉丝群中发红包，或是通过不定期地提供抽奖、赠送礼物等粉丝专属福利都可以提升粉丝活跃度。但需要注意的是，福利发放的频率不宜过高，建议以周或月为单位设置一些粉丝福利日来实施。

3. 保持互动

互动是提高粉丝活跃度的一大重要途径。粉丝是渴望对话的，与粉丝互动可以增强播主与粉丝间的情感联系，所以运营团队不要放过与粉丝对话的机会。除了日常分享、及时回复、为粉丝答疑解惑等基础互动，同时也不要吝啬自己的认知盲区，大方地请求粉丝帮助，建言献策的过程可以让彼此更亲近更熟悉。要建立强连接。

互动的方式是多元的，例如，运营团队可以依据自己的专业知识，发起新鲜话题讨论，或支持粉丝投稿，让其共同参与作品创作或以答题、测试、签到等方式与

粉丝进行互动。且互动形式不可仅局限于线上，线下也应该考虑，如举办主题沙龙、粉丝聚餐等活动。

8.1.5 用互动、活动来激活沉睡粉丝

用户激活是短视频运营中十分重要的一个环节，它可以增加用户的活跃度，引导用户持续关注账户，增强用户黏性。以下是激活用户的 3 种方式。

1. 评论互动

互动是短视频算法推荐的一个重要的指标。播主发布视频后，用户产生了观看、评论、点赞等行为，在这之后，运营团队还需要进一步对用户进行回应，产生更多交互。各种互动中，评论的价值是最高的，因为评论互动最方便。运营团队可以通过以下几种方法来增强评论互动：

（1）在视频中引导评论

在视频中设置一个环节，适时抛出能够引发用户共鸣的问题，可以有效提升用户的参与感，引导他们的评论行为。设置问题的小技巧有：在封面文字中强化、在标题形式中引导、在视频的旁白中提示。

例如，某抖音账号发布的一段短视频，其封面标题为：当外国朋友第一次听周深唱歌是什么感觉？作者同时在标题中进行了互动性提问：花花和深深，你们更喜欢谁？这条短视频收获了超过 12 万点赞数，以及超过 5000 条评论，获赞最高的评论点赞量达到 1.2 万，如图 8-3 所示。

图8-3　在短视频文案中引导评论

（2）回复评论

运营团队在视频发布初期，及时回复用户的每一条评论，可以激发用户的参与热情，这也是激活用户最直接的方式。一旦发现高质量、幽默、有代表性的评论，运营团队还可以将其作为精选置顶，借此引导更大范围的互动。

2. 私信

对于一些互动频率和质量比较高的粉丝用户，运营团队可以将其作为"重点培养"对象，增加关注度，进行跟进评论，甚至私信沟通。

3. 话题活动

富有创意和传播性的活动是短视频运营的一种重要手段，也是激活用户的有效方式。鉴于短视频平台的局限性，运营团队可以通过社群的方式将粉丝沉淀下来，通过后续各种活动来获取用户反馈，增加用户黏性，也可以鼓励用户积极表达，鼓励他们成为内容的生产者。

8.1.6　把成熟期的粉丝转化为消费者

在短视频账号运营到一定阶段后，会积累一批忠实、黏度高的粉丝。在这个阶段，粉丝们被账号独特的风格与优质的内容所吸引，与播主之间建立起了一定的信任感，这时是将粉丝转化为消费者的黄金时机。而要达到这一目标，重点在于"触达"粉丝。

即便对播主再信任，如果出现以下两种情况，粉丝也是无法良好地转化为消费者的，甚至有可能造成粉丝大量流失。一是播主因为卖货"风格突变"，视频内容与前期反差较大，这样很容易让粉丝感到不适，甚至产生反感；二是播主卖的商品与粉丝群体消费能力差别过大，即便想要支持心爱的播主，即便对商品心动，也因财力所限无法真正成为消费者。想要粉丝成为消费者的转化率更高，需要做好以下两点：

1. 从用户需求出发

在进行账号运营之前，需要对账号进行定位，转化粉丝也是一样。想要将粉丝转化为消费者，就必须挑选一款能让粉丝主动消费的商品，而播主负责将这一商品推广给粉丝。这款商品应当是符合粉丝需求，并与之消费能力相匹配的。

想要找到符合粉丝需求的商品，首先需要了解粉丝的需求是什么。这就需要运营团队深度挖掘粉丝信息，精准定位其需求点。例如，粉丝热爱烹饪，就提供厨艺展示的内容，并推广在家就能做的速成美食；粉丝想要学习化妆，就提供化妆教学类型的内容，并推广新手能用到的化妆品。不能向学生群体推荐黑松露，也不能向爱车族推荐纸尿裤，这都是不合适的。

2. 以用户能接受的形式卖货

用户能接受的形式，一定也是与账号前期发布的短视频内容、风格类似的形式。

许多播主卖货的意味在一开始就十分明显，如薇娅与李佳琦，他们用直播与短视频购物车就能使粉丝为之疯狂。但如果是风格与之相差较远的账号，就不能直接借鉴前两位播主的风格，而是应寻找更为"软性"的方式。

剧情式的内容植入是一种观众接受能力较高的卖货方式，将商品无形地融入播主最擅长的剧情内容中，观众的反感会大大降低。

当然，卖货形式有千万种，播主不用拘泥于"硬性推广"与"软性植入"，而是可以开拓出属于自己的独特方式。

8.2 玩转账号权重

在自媒体领域中，账号权重一直是一个十分重要的概念，它决定了账号的"生死"。了解权重、提升权重、避免权重下跌，这些都是运营者必须要掌握的技能。

8.2.1 了解视频权重与账号权重的作用

什么是权重？权重就是某事物在它所属的集体里的重要性。短视频账号及其视频作品在平台中也是有权重的，其具体计算方法各平台都秘而不宣。虽然不知道具体算法，但权重的作用却不难了解，它影响着初始播放量和搜索排名这两个方面。

1. 提升初始播放量

在短视频平台中一个新账号新发布的短视频的内容如果没有问题，那么视频的正常的播放量大约为500 ～ 700次。而对于高权重的账号来说，即使它发布短视频的质量与新账号是相同的，其视频的初始播放量也会比新账号大得多，大概为10000次左右。

而初始播放量大的视频更容易得到推荐。例如，某账号发布的短视频，在初始播放量只有200次时，即使标签非常精准，可恰巧这200人都对这条短视频不感兴趣，没有点赞和评论视频，那么该条短视频也就无法得到继续推荐了。但如果该视频的初始播放量达到了10000次，那么在这些观看短视频的用户中，总会有一部分会为这个短视频点赞。在视频的点赞数和评论数积累到一定数量以后，系统就会把这条短视频推荐到更大的流量池，从而被更多用户看到。

2. 提升搜索排名

一个账号的权重越高，这个账号的短视频在用户搜索中就越容易被展现。例如，一个权重高的美食领域大号发布了一个卤鸡爪的短视频，那么当用户搜索鸡爪时，这个视频排名就会在搜索的第一位，那么视频的曝光量和点击量自然就很容易提高。

8.2.2 权重与播放量的关系

一个新账号的前 5 条短视频决定了这个账号的初始权重，所以运营者在发布视频前，一定要做好充分准备。因为各大短视频平台的官方是不进行内容创作的，所以平台要依靠进驻作者发布的短视频来增加热度。

在这种情况下，如果一名新手发布的短视频有许多人浏览，那么发布者一定会受到极大的鼓舞，进而持续地发布短视频，这样平台就能持续保持活跃。所以系统会给新账号的前 5 条短视频以流量扶持，其中流量扶持最多的是第一条短视频。新账号发布的前几条视频播放量与账号权重的关系，如图 8-4 所示。

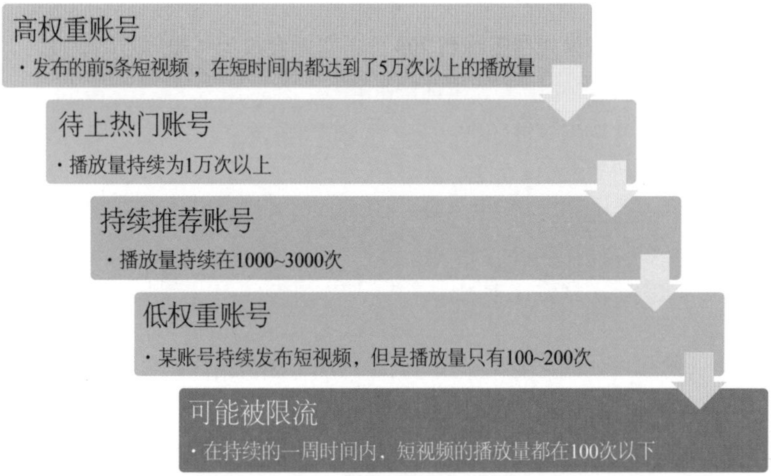

高权重账号
· 发布的前5条短视频，在短时间内都达到了5万次以上的播放量

待上热门账号
· 播放量持续为1万次以上

持续推荐账号
· 播放量持续在1000~3000次

低权重账号
· 某账号持续发布短视频，但是播放量只有100~200次

可能被限流
· 在持续的一周时间内，短视频的播放量都在100次以下

图8-4 新账号发布的前几条视频播放量与账号权重的关系

如果播主新注册的账号十分幸运地成为了高权重账号，那么用这个账号发布的视频就很容易上热门。账号成为待上热门账号后，运营团队需要积极参与热门话题，使用热门音乐，与热门短视频合拍，以增加上热门的概率。如果账号成为持续推荐账号，则需要抓紧时间提高短视频质量，避免权重再次降低。

8.2.3 如何根据基础数据测算权重

一个刚注册的短视频账号，其权重往往是比较低的，大约为 400 分。系统会每周对账号进行一次判断，如果该账号一直没有做出优秀的短视频，那么这个账号就可能会被扣权重分。当权重分跌到 300 分时，这个账号就会被定义为低权重账号。此外，如果这个账号的短视频出现了营销等违规行为，它也会被直接扣分，成为一个低权重账号。权重测算如图 8-5 所示。

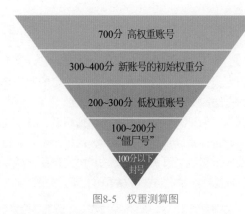

图8-5　权重测算图

账号评分如果持续下降到 200 分，它就会成为"僵尸号"，此时，不管这个账号发布什么短视频，它的流量都会非常少。

如果账号违规特别严重，扣分至 100 分，就会被直接封号。相反，如果账号发布的短视频质量很高，收获了很多点赞、评论和粉丝，那么这个账号的评分就会涨得非常快，当评分到了 700 分时，它就会成为高权重账号。

8.2.4　提高权重的7大妙招

既然权重如此重要，那么运营团队应该如何提高账号的权重呢？这里总结了 7 种常用的方法，总的来说还是要以内容为基础，结合外部条件来实施。

- 打造"爆款"短视频。"爆款"短视频既能提高权重，又能"涨粉"，可谓一石二鸟。
- 使用热门音乐。音乐是短视频的灵魂，系统如果发现某些短视频中的音乐特别"火"，就会给予使用者权重扶持。
- 使用热门话题。短视频官方会经常推出不同的话题让作者参与，如圣诞节、开学季、农历新年等话题。参与热门话题不仅可以增加短视频的推荐量，还能增加账号的权重。
- 参与最新活动。例如，2018 年 11 月的"119 消防日"活动举办之时，抖音官方表示，只要按照特定要求拍摄的短视频，全部都可以获得权重扶持。
- 在短视频文案处 @ 抖音小助手。在抖音中，官方很少明确表示哪些方法可以增加流量和提高权重，但是 @抖音小助手是其中之一。在长期的运营过程中，运营团队会发现使用这个方法得到的额外流量比较少、权重比较低，这种情况也许是使用的人太多造成的。但是对于新人来说，任何权重提升都是好的，所以可以多多采用这一方式。
- 多与粉丝互动。运营团队多回复粉丝的评论和私信可以有效地提高账号的权重。

运营团队想要保证账号的权重不被扣分，不仅需要持续地产出优质内容，还要时刻留意平台活动，抓住每一个能提高权重的机会，将运营做到极致。做好这些，账号的权重自然就会上升。

8.2.5　怎样避免账号成为"僵尸号"

"僵尸号"就是权重低到近乎为零的账号，一个账号成为"僵尸号"之后，相当于被系统判了"死刑"。因为系统已经默认这类账号没有推荐价值了，就不会将它发布的视频放入高推荐的流量池，所以这类账号不论发布多么优秀的视频，都很难得到高点赞量与高评论，即便持续一周发布短视频，播放量也都在 100 以下。

如果账号成为了"僵尸号"，那么很多运营团队就会选择重新注册一个新号，但这样一来，前期养号所花费的心血就只能付诸东流。那么怎样避免账号成为"僵尸号"呢？

1. 养号阶段

运营团队在新注册短视频账号后，都有一个"养号"的过程，养号是为了在初始阶段就保证账号的权重，让账号在视频发布时能拥有更多的推荐量。在养号期间，运营团队要做到：

（1）账号刚注册的前三天至一周左右，不要发布作品。

（2）完善账号个人信息，绑定各种账号实名认证等。一个账号单独使用一张电话卡与一部手机。

（3）关注和账号定位类似的对标账号，多浏览、评论、点赞视频，直到每次系统推荐的短视频60%以上都是账号关注的相关领域，那么这一账号就被系统"标签化"了。这样一来，后期发布同领域的作品推荐量才会更高。

2. 运营阶段

在账号运营阶段，运营团队也不能对权重问题掉以轻心，即便是"百万级别"的账号，也有可能由于未维护好，使其权重在"一夜之间"大降。所以在这期间，运营团队要做到：

（1）用心策划，输出优质内容。前 5 个视频尽量做到领域垂直，但创意不同。

（2）融入平台，多参与平台发起的活动，运用热门贴纸、滤镜、配乐等，并在标题处 @ 抖音小助手。

（3）与粉丝进行互动，在评论区与粉丝进行交流，适当地回复私信，甚至关注忠实粉丝。

8.2.6　被平台降权后的补救方法

很多运营团队都会遇到自己账号已经拥有了几十万粉丝，但是不小心违规被降权，甚至成为"僵尸号"的情况。在这种情况下，运营团队如果不懂补救的方法，可能就会选择直接放弃账号，这样是很可惜的。而采用以下三种方法就可以避免这种情况。

（1）一机一卡一账号。某些运营团队常用一部手机来运营多个账号，但这样运营者的账号就很容易被系统检测并判定为营销号。所以运营者最好尽量采用"一机一卡一账号"的方式来运营账号，且尽量保持手机、账号、电话卡固定不变。

（2）用APP直接拍摄短视频。追求高清画面的短视频播主一般都使用单反相机拍摄短视频，把短视频剪辑后再上传。这种方式能制作高质量的短视频，但是对于系统来说，这类从第三方上传再进行发布的短视频，存在搬运及盗用他人短视频的风险，这是平台不希望看到的。所以，像抖音官方就曾出台规定，通过抖音APP直接拍摄短视频能获得流量与权重扶持。

（3）多使用热门音乐，多参与热门话题，争取得到权重扶持。

8.2.7　提高点赞量的5个方法

发布的短视频是否能顺利进入下一个流量池与视频的点赞量息息相关，所以运营团队应在做好视频内容的基础上，努力提高视频的点赞量，而提高点赞量的方法具体有以下四种。

1. 在结尾处创造"高潮点"

短视频需要引导观众的情感，让其情绪随着播放进度而不断积蓄，并在结尾处一次性地爆发出来；或是在结尾处设置一个剧情大反转，给予观众更强的情感冲击。在正确的引导下，观众对于结局的情节设置会非常期待，在结尾时，如果达到了情感期待，自然而然就会留下点赞的"小爱心"。

相反，如果观众爬到最高处，却发现得不到他们想要的内容，失落感就会油然而生。且据大数据统计，大多数人为视频点赞的时间都是在短视频接近结尾处，所以运营者一定要在结尾处安插剧情或者反转桥段，创造一个"高潮点"，从而让观众主动为短视频点赞，如图8-6所示。

这段视频时间不长，在视频开头，有字幕交代播放的内容是"消防员小哥哥们的拔河比赛"，大家以为能看到一场精彩的拔河比赛时，意外发生了，拔河用的绳子被拉断了，拔河双方纷纷倒在了地上，令观众感到惊奇又搞笑。这条段视频因此收获了超过15万的点赞，是一个靠结尾高潮获赞的典型案例。

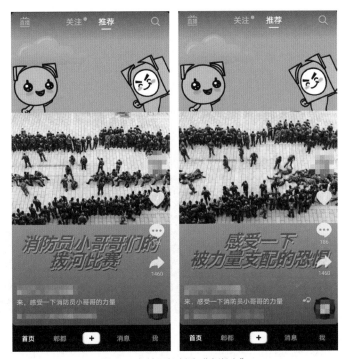

图8-6　在结尾处创造"高潮点"

2. 让观众"承诺"看完，创造点赞机会

心理学中有一个名词叫"登门槛效应"，是指商家在做营销时，把营销目标分解为由小到大的一系列子目标，并从最小目标开始对消费者进行营销，层层递进直至实现最后的目标。例如，一个推销员给一个行人发传单，如果这个行人接了他的传单（实现了最小营销目标），那么他就可以继续向这个行人推销产品，甚至引导这个人去门店消费（实现了最大营销目标）。如果这个人连传单都不接，那么他就可以直接放弃推销。

推销员在这个过程中，需要一步一步地"登门槛"，先完成小目标，再完成大目标，从而实现销售产品的目的。

播主发布短视频后，总是希望观众给短视频点赞，但是大多数观众是在接近短视频的结尾处点赞的，因此播主们要想方设法让观众们看到最后。为实现这一目的，很多播主用文案来请求观众看完。除开本就感兴趣的观众以外，有一部分观众本会中途离开，但因为文案中的请求看完，从而贡献出更多的赞。因此许多短视频中都会有"请一定看到最后"这样的话语，如图8-7所示。

图8-7　在文案中请求观众看完

　　图 8-7 所示的短视频中，标题包含"请一定看到最后"的话语，留住了一些本来觉得看不看完都无所谓的观众，这部分观众中又会有一部分因为认可视频而点赞，如此一来，视频获得的点赞量就更多了。

　　3. 创造价值，不点赞就是错过

　　当短视频内容十分有价值时，部分观众的点赞就不仅仅是对视频表示赞赏了，而是带有"马克一下"的意味，即用点赞来代替收藏。

🎙 你问我答：什么是"马克一下"？"马克一下"意味做个标记。马克这一说法是从英文单词"mark"演变而来，含义是"做记号、做标记"。在浏览网页时，可能会遇到需要收藏或稍后查看的内容，为了方便快速查找到这个帖子，网友会运用这一词汇在该内容下留言评论，或进行转载，后期可以通过搜索关键词来找到对应内容。

　　当然，现在各大短视频平台本身就设置了"收藏"功能，操作并不复杂，但是却远远不如直接设置在浏览页面的点赞功能那么方便。同时，点赞后的短视频，会统一在某板块内容中展现，所以部分观众会习惯用点赞功能来代替收藏功能。

　　能吸引观众因为害怕错失价值而点赞的内容，大多是实用的"干货"，如遮瑕技巧、异地社保办理的方法等。由于短视频 APP 是没有历史浏览记录的，所以如果观众对这部分内容感兴趣，就会先点赞收藏视频，以作备用。

4. 用文案、字幕、声音引导点赞

除了用优质的内容打动观众，让观众因为情绪、价值原因不得不点赞外，用文案、字幕、声音引导点赞的案例也是不胜枚举，如图8-8所示。

图8-8　用文案引导点赞

在图8-8所示的短视频中，展示了各种突发事故，以及警察同志们冲在第一线保护公众的生命与财产安全的英勇事例。文案中"为人民英雄点赞"的话语，十分容易引导观众自发进行点赞。

8.2.8　提高评论量的4个方法

短视频的评论不仅能够展示观众对短视频的评价与反馈，还可以增加短视频的热度。笔者接下来将介绍4个提高评论量的小技巧，以帮助短视频运营者提高视频热度。这4个方法，如图8-9所示。

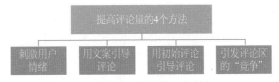

图8-9　提高评论比的四个方法

1. 刺激用户情绪

刺激用户情绪，通常是指在剧情类短视频中，播主演绎的情节与观众一些亲身

经历息息相关，于是观众在浏览视频时，会觉得感同身受，产生倾诉欲，从而留下评论。

在抖音号"毛光光"中有一条"金牌柜姐与普通柜姐的区别"的短视频，它先展示了一位态度友好、服务周到的金牌柜姐对待顾客的样子，之后展示了一位与前者行为态度截然相反的普通柜姐对待顾客的样子，最后金牌柜姐走过来告诉普通柜姐，前面那位顾客是内部监察时，这时后者的表情一下子就僵硬了，如图8-10所示。

图8-10　内容信息量很大的短视频

这条短视频的剧情贴近观众的生活，它讲述了大多数观众都有被柜姐服务不周到的经历，十分容易引起观众的共鸣，所以带动了用户在评论区中积极分享自己的类似经历或是观看感受，使得评论区非常热闹，也带动了短视频本身的观看量、评论量和点赞量。

2. 用文案引导评论

用文案引导评论，一般是指运营团队在短视频标题文案中，提出一个问题，引导观众在评论区中进行讨论。

这类视频的内容通常带有一定的剧情，或者与有趣的现实生活有关。例如某播主被一只流浪狗跟随了很长时间，于是录制视频向观众提问："大家看看，这只狗是什么品种？好养活吗？"如此观众便十分乐意在评论下回复播主的问题，视频的评论量自然就会增多了，这条短视频的热度也会上升。

3. 用初始评论引导评论

在浏览短视频时，很容易发现许多短视频的评论区中最靠前的评论是作者自己留下的。其实这是播主们常用的一种引导评论的方式，即在发布短视频后，自己先进行评论，评论内容可能是对于短视频内容的补充，也可能是在视频内容的基础上，向观众提出的问题。用评论补充视频内容的短视频如图 8-11 所示。

在图 8-11 所示的短视频中，播主为一名在法国留学的女生，观众问她为何不用法语拍摄一段视频，她"气愤"地表示，其实是因为觉得自己法语不好，才不敢拍这类视频。并且在评论区留了第一条言，表示"我真的一点也不嫉妒他们，真的"，其实潜台词是十分羡慕，让粉丝们感觉非常有意思，从而竞相留言。

在短视频发布初期，评论数一般不可能瞬间猛涨。这时运营者可以自己创作评论进行引导，甚至用小号评论、好友评论等方式在评论区活跃气氛，让观众更好地与作者进行互动。

4. 引发评论区的"竞争"

每条短视频都能体现一定的价值观，而大多数粉丝或者观众点赞、评论短视频，通常是因为他们认同短视频的核心观点。但是有时，也会出现部分观众持反对观点的情况。

图8-11　用初始评论引导评论

这并不是坏现象，价值观的冲突能让评论区更加活跃，在观众们的互相"抬杠"之下，短视频评论区一般会变得非常热闹，这同时也会引得更多观众加入讨论。因此，发布容易引发"冲突"的短视频，往往能够获得较多的评论。

🎙️知识加油站　有时，播主发布的视频在红火一段时间之后，播放量就会逐渐走低，这时如果想要再次"炒热"这段视频，就可以用小号在评论区中的高赞评论下，回复持有相反观点的评论，以此来获得更多的关注与回复。要注意这一办法并不适宜用得太早。

8.3　用"DOU+"工具将短视频推上热门

淘宝有直通车，抖音也有"DOU+"工具，专门服务于想要打造爆款短视频的运营团队，为他们提供额外获得流量与推荐的机会。"DOU+"是抖音推出的有偿推广工具，可以将短视频推广给更多用户，支持自投放和代投放。使用"DOU+"推广的短视频会出现在抖音的首页推荐流里，根据抖音的高效智能推荐算法，展现给可能对该视频感兴趣的用户或潜在粉丝。本节讲解如何用"DOU+"工具将短视频推上热门，只有了解了短视频推广工具的使用方式与原理，新晋播主们才能为短视频账号

带来更多流量。

8.3.1 抖音推荐和分发的原理是什么

许多短视频运营者都认为"得流量者得天下"，而且希望自己发布的每一条短视频都能被更多观众看到，并成为热门。然而一条短视频成为热门并没有那么容易，运营者如果想要自己的视频获得高流量，就要先明白短视频平台的推荐分发原理是什么。

抖音 APP 作为当下十分热门的短视频平台，其流量推荐分发原理十分有特点，主要体现在以下 3 个方面。

1. 循环去中心化、流量池原则

去中心化是指每一位用户都可以成为抖音中的明星，从而都可以成为大众关注的中心，同时，任何中心也都不是永久的，会随着情况而改变。抖音对新发布的视频，是进行无差别初始推荐的，这一点对新手小白无疑非常有利。

流量池原则是一个阶梯性的推荐原则，例如，某账号发布了一条新视频，抖音会将其先放入 100 ～ 300 流量池，如果该视频的各项数据指标都很优秀，就会将其再放入 500 ～ 1000 的流量池，以此类推。如果视频能拥有超过 10000 的观看流量，那么这条短视频就离热门不远了。

在抖音中，去中心化与流量池原则是并行的，不管是谁发布的视频，都只能先进入第一阶梯的流量池，然后系统会依据该视频各个阶段的数据表现，利用算法来判断这些视频是否可以进入下一个流量池。

2. 叠加推荐

许多播主发布的短视频能在一夜之间爆红，很大可能是因为大数据算法对视频进行了叠加推荐而导致的。

叠加推荐机制是以短视频内容的综合权重作评估标准，衡量综合权重的关键指标有完播率、点赞量、评论量、转发量，且每个梯级的权重各有差异，当权重达到了一定量级，抖音平台就会以大数据算法和人工运营相结合的机制进行不断推荐。

当用户在抖音发布一个新的视频，平台会根据关注、附近、地域、话题等标签进行第一轮推荐。如果第一轮推荐中，该视频得到的完播率、点赞量、评论量、转发量相对较多，平台会推断此视频内容质量较高，受用户欢迎。然后将该视频送入下一轮的推荐，这时会有更多用户浏览到该视频，如果第二次推荐又有了比较好的反馈，就可能进入再下一轮的推荐，从而获得更大的流量。

3. 时间效应

一条短视频如果在刚发布时，并没有获得较多的流量，并不意味着它就永远失去了爆红的机会。实际上抖音中存在许多短视频，在刚刚发布时，其流量数据并不理想，但是隔了一段时间之后却突然爆火了，这是因为一个视频的爆红往往是需要一定的时间沉淀的，这就是时间效应。

抖音会定期挖掘之前没能"火"起来的一些优质的老视频，运营者常将这种现象戏称为"挖坟"。因此，短视频运营者在视频发布初期数据不佳的情况下，也不能对视频置之不理，要持续地去为它进行点赞、评论，甚至将视频转发到朋友圈，以此增加视频的曝光度，如此一来，说不定明天它就成为了拥有超高流量的"爆款"视频。

8.3.2　新账号怎样投"DOU+"

新账号想要投"DOU+"来进行账号推广，是十分明智的，这一过程可分为4个步骤，如图8-12所示。

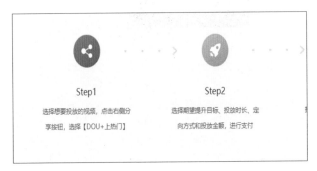

图8-12　"DOU+"投放步骤

第一步，进入播主发布的视频主页中，想要投放"DOU+"的短视频，①点击画面右下角的三点，之后②点击"DOU+上热门"按钮，如图8-13所示。

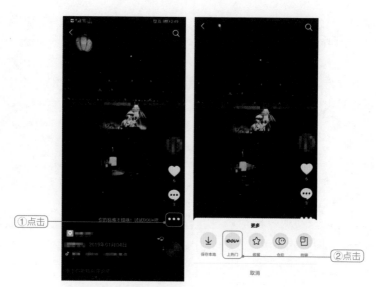

图8-13 "DOU+"投放入口

第二步，①在页面中对期望提升目标、投放时长、定向投放方式以及投放金额进行设置，②完成后进行支付，如图 8-14 所示。

图8-14 设置并支付

第三步，设置成功，等待审核通过。播主要注意的是，如果想要将自己的某个短视频投放"DOU+"，那么自身账号就不能是私密账号。若之前进行了相关私密设置，就需要提前解除这一设置，才能进行投放。

8.3.3 如何使"DOU+"投放效果最大化

既然投入了额外成本在"DOU+"打广告，运营团队肯定希望能达到最佳广告效果。要实现这一点，需要解决两个问题，即研究出何时是短视频的"黄金助燃期"，以及判断短视频是否具有"爆款"潜质。

1. 何时投放"DOU+"

流量战争的本质是时间战争，所以运营团队一定要在视频发布初期投放抖音"DOU+"，否则越往后"DOU+"的效果就越不明显。通常情况下，运营团队在视频发布后 1～2 小时内，用"DOU+"工具为短视频助力是最佳的。

这是由于，抖音本身就会给新发布的视频一定的"流量红利"，在完全获得抖音给予的流量红利后，再投放"DOU+"，就可以为短视频进行"续力"，如此短视频的流量才有可能达到最高峰。

同时，运营团队不宜一次投放过多的"DOU+"推广。运营团队应适量投放，之后再按照具体情况判断是否应追加投放。如新账号的第一条视频首次投放，可考虑花费 100 元的资金投放"DOU+"，时间选在上午 10 点左右，投放时长为 12 小时，或下午 5 点左右，投放时长为 6 小时。

如果是做抖音带货的运营团队，当"DOU+"金额消耗 30%～50% 时，可以查询一下"DOU+"投放带来的产出，即因为投"DOU+"赚取的佣金。若产出大于消耗金额，可以等待结束后再算一下投产比；若产出小于消耗金额，可利用隐藏视频方法中止投放。这一方式可以节约成本，获得更高的 ROI。

解决黄金助燃期后，问题就剩下如何判断一条短视频是否具有"爆款"潜质？毕竟，具有"爆款"潜质的短视频，才值得运营团队利用"DOU+"工具进行付费推广。

🎙**知识加油站** ROI 是投资回报率的简写，指投资主体通过投资，应得到的价值，在此处，指走"短视频＋带货"模式的运营团队，通过付费投放，将视频推广给更多用户，从而赚取更多佣金。在这项投资活动中，是指运营团队所得到的经济回报的投资回报率。

2. 如何判断一条短视频是否值得投放"DOU+"

短视频运营团队要学会判断一条视频是否值得进行"DOU+"投放，如此才能最大化投放效果。那么什么样的短视频值得投放"DOU+"呢？答案是具有"爆款"潜质的短视频，更值得投放"DOU+"。

众所周知，完播率、点赞率、转发率、评论率这 4 项基本数据是决定一个短视频能否上热门的关键因素。要判断一条短视频是否具有"爆款"潜质，可以先从这 4 项数据的表现进行判断，当该 4 项数据达到以下状态时，该视频可能存在很大概率拥有"爆款"潜质。

■ 完播率——尽量选择 15～30s 内；

- 点赞率——达到 5% ～ 10%；
- 转发率——一般转发率在 1% 左右；
- 评论率——1% 左右。

除此之外，视频内容是否优质也是判断这个视频能否成为"爆款"，是否值得投放"DOU+"的关键。抖音的叠加推荐机制会让短视频在一个流量池表现优秀之后，被放入推荐量更高的流量池，因此短视频的内容越优质，这个视频就越容易被更多人看到，由此产生的视频热度也就越高。

运营团队还可以通过观察自己发布的短视频是否存在高涨粉、高互动的现象，来判断这个短视频是否具有"爆款"潜质。高涨粉是指短视频发布后，其粉丝量增幅较大。高互动是指在视频发布后，这个视频的评论量与转发量都十分可观。高涨粉、高互动类短视频的后台数据，如图 8-15 所示。

图8-15 高涨粉、高互动类短视频的后台数据

8.3.4 "DOU+"审核不通过的原因

许多运营团队会遇见投放"DOU+"不成功的情况，即"DOU+"审核不通过，这是什么原因呢？通常情况下，"DOU+"审核不通过一般有两种原因：第一种是视频原因；第二种是账号原因。

1. 视频原因

视频原因是指由于短视频的内容或其他方面存在某些问题，导致审核机制认为内容涉嫌违规或质量低。可能存在的问题类型如表 8-1 所示。

表8-1 "DOU+"审核不通过的视频类型以及问题描述

不合规的视频类型	问题描述
搬运/原创视频	含有其他平台水印、视频ID与上传ID不符、明显的盗录内容
低质量视频	内容的故事性、完整度差，视频模糊
广告营销	存在明显的广告营销类信息
隐性风险	出现标题党、危险动作、令人不适元素等高危内容
未授权明星/影视/赛事类视频	视频内容涉及侵权

2. 账号原因

如果账号之前已经被抖音平台限流，那么也是无法投放"DOU+"的，想要解决这一问题，运营团队需要先解决平台限流的问题。

🎙知识加油站 部分短视频正在投放途中，或者即将投放结束时，被系统提示"视频因违规等原因停止投放"。这时，运营团队可以尝试检查一些视频的细节，如视频中添加的卖家产品是否出现异常，视频文案中是否含有"最""顶级"等极限词，视频购物车商品标题是否违规等。如果含有极限词汇，解决方法是重新加工视频，用同音词或是拼音去代替敏感词汇，之后重新上传即可。在购物车的商品标题中，"优惠券""买一送一"这种营销词汇也最好用同音词代替或者适当舍弃，不然也会发生无法通过"Dou+"投放审核的情况。

8.4 打造高效传播矩阵

俗话说"众人拾柴火焰高"，一个短视频账号想要获取高流量，除了要苦练内功、做好内容以外，还要主动出击，多方推广引流，为自己的账号引来粉丝。引流的方法很多，目前来看比较有效的是传播矩阵。

8.4.1 了解与设计传播矩阵

许多刚进入短视频行业的新手小白，对矩阵这一概念都比较陌生，本节讲述矩阵的相关知识，包括什么是矩阵、如何设计矩阵、如何优化矩阵布局等。

1. 了解矩阵

什么是矩阵？简单来说就是将多个账号的粉丝进行交叉引流，达到提升粉丝量、扩大影响力的目的的一种方法。

西安就是因为政府率先在抖音平台中建立了传播矩阵，才成为了最早一批通过短视频平台走红的"网红城市"。

在西安，已经有超过70个市政府机构开通了官方抖音号，如西安市公安局、西安市旅游发展委员会、西安市文物局等机构。账号之间的互相引流和互相推动，以及抖音达人们的助力，共同将西安推上了"2018年最火的旅游地"的宝座。

2. 设计矩阵

如何借鉴西安的成功经验，为自己的短视频账号设计矩阵呢？角色定位是关键。也就是让账号矩阵中各个账号拥有独特的人格设定或作用设定，每个账号都需要按照设定去发挥作用，以吸引不同的粉丝群体，为相互引流打下良好的基础。所以，做抖音矩阵顶层设计的第一步就是角色定位。

例如，西安市开设了各种官方号，都来为西安的旅游发展服务，而这些不同的账号在一开始充当的角色就是不同的。

如抖音号"吃在西安""西安公安",就是在承担传播矩阵中引流者的角色。"吃在西安"旨在用美食吸引游客,使粉丝因为美食去关注"西安旅游",然后进一步地了解西安,最后实现促使粉丝去西安旅游的目的。"西安公安"也以短视频的形式,记录了当地公安队伍与人民群众的友好互动,展现了人文关怀,同时侧面体现了西安的城市风貌,为"西安旅游"引流。

8.4.2 打造"以号带号"的传播矩阵

"以号带号"是指在几个不同的账号之间进行一系列相互推广的操作,让主账号快速增涨粉丝量的一种引流方式。

互推涨粉在微信、微博都是非常常见的做法,它们之间互推大部分都是多个独立账号的相互合作,并非矩阵账号之间的内部互推。而短视频平台上的互推主要以矩阵小号内的互推为主。

以"摩登兄弟"为例,它可以说是抖音红利的典型代表,在半个月内粉丝数量超过 2000 万,甚至还引来了许多明星的关注。而"摩登兄弟"的大火,除了主唱颜值高、实力强以外,背后的运营操作也是非常关键的原因。其运营的手段之一就是打造抖音矩阵,用小号推主账号。

"摩登兄弟"的主账号 ID 是"MD4528",从其关注的 23 个账号中,可以看出其他小号分别为:@摩登兄弟小日常,ID 为"112141956";摩登兄弟头号粉丝,ID 为"4528MDXD";摩登抖音工作站"MD4528.17",如图 8-16 所示。这些账号部分在其成名前成立,部分在其成名后成立。不管是哪一种,都是为摩登兄弟这个主账

图8-16 "摩登兄弟"矩阵的三个小号

号服务的,在主账号发布抖音视频时,它们会对之进行转发、互推等操作。

打造传播矩阵可以给主账号带去更多流量,但这样的矩阵打造起来是十分不容易的,需要运营者在账号定位、互推规则、视频策划、时间安排上遵循一定的规则。

1. 账号定位

参与互推的抖音号一定要有质量,有质量是指账号需要发布过一定数量的优质短视频,并且拥有一定的粉丝量。新加入的抖音小号可以排除。此外,互推账号的选择还要注意以下 4 点。

■ 调性相同。就像苹果和小米,它们的粉丝调性不一样,即使互推也起不了什么

效果。

- 高重合度。主号和小号之间的重合度要较高，例如一个美妆大号的粉丝大多是女性，但是小号的粉丝却大多都是男性，那么它们的粉丝之间的重合度就不高，这两个账号也就不能进行互推。
- 粉丝高黏性。在精力有限的情况下，最好选择粉丝黏性较高的账号进行互推，否则小号的粉丝可能会因为推荐大号内容过多产生反感，从而导致粉丝流失。
- 一定的粉丝数量。当小号积攒了一定粉丝量以后才可用于互推。

2. 互推规则

运营团队在选定互推的小号之后，还需要遵守一定的互推规则来操作。比如矩阵中粉丝量最多的一个小号有100万粉丝，最少的也有50万粉丝，那么互推时要如何排名呢？这一点不管是主号推小号，还是小号推主号，都是需要注意的，所以就要设定好排名规则。设定时需考虑以下两点：

（1）顺序。如果是主号推小号，就要把小号排在推荐的前面，不管是推荐的频次还是位置，都要排在第一；如果是小号推主号，就要把粉丝数最多、转化率最强、粉丝黏性最高的排在前面，如此既能保证主号的涨粉效果，又能保证粉丝较少的小号的养成效果。

（2）轮推。除了主推大号之外，小号与小号之间互推也是运营矩阵时的必需手段。小号互推可采取轮推的方式，其核心点就是公平公正。比如小号A在第一个月互推计划中排名第一，是互推的核心，那么第二个月就要排名最后，如此可以保证所有小号都能排到第一名，都能成为推荐的核心，否则粉丝数量少的小号养起来了，粉丝数量大的小号却退步了，反而得不偿失。

3. 互推时间

账号的互推要安排好时间，最好能在一天内同步进行，这样才能让效果最大化。就像微博热搜一样，只有大家一起在同一时间内搜索某个关键词，或发布某个带关键词的文字，才能积攒热度，最终登上热搜榜。短视频要达到相同的效果也是同样的道理。此外，还需注意互推的时间段，在哪个时间段小号一起互推的效果是最好的，运营团队需要依照账号的类型与粉丝观看量的峰值进行判断。

8.4.3 跨平台矩阵协作的操作要点

运营团队想要放大矩阵引流的效果，可以将矩阵的建立范围扩大至其他社交平台，建立短视频平台与其他平台相互协作引流的跨平台矩阵，将更多的流量与用户聚集起来。那么跨平台矩阵操作时有哪些要点需要注意呢？

1. 寻找适配平台

建立跨平台协作矩阵的关键是选择与账号类型相适配的平台。不同类型的短视频账号所需要的平台类型是不相同的，运营团队在选择协作平台时，平台与账号在形式上要匹配，在内容上要兼容。

短视频非常方便在各平台上进行分享，如微博、今日头条等平台，运营团队需要从内容的角度再进行筛选。

比如，生活中比较常见的两个社交媒体平台：微信与微博，它们都可以进行视频分享。但二者各自的特点是不同的。用比喻的方式来进行比较的话，微信更像是一个圈子，用户与微信好友之间一般都存在或深或浅的现实关系，在这个圈子里，大家更多分享的是与工作和生活相关的事件或情感。而微博则是一个集市，是众人"吃瓜"的首选平台，所以微博更适合一些有话题性的内容。

运营团队在选择合适的引流平台时，要根据自己的账号发布内容的主要特点来选择。如果账号的作品是工作和生活气息较浓的，就可以选择微信作为引流平台；如果是以发话题性较强的作品为主的账号，则可以选择微博作为协作平台。

当然，选择合适的平台不仅要从短视频账号的角度出发，还要充分考虑其他平台的基本条件，看其是否达到引流平台的标准。

首先，一个合格的引流平台，其自身必须拥有一定数量的用户。用户的数量决定了该平台作为引流平台的下限和上限，通常一个用户数量足够多的平台，其引流效果也会更好。其次，引流平台与原平台之间最好不要存在竞争关系。有竞争关系的平台间可能会有许多潜在的竞争行为，所以运营团队如果将竞争对手作为引流平台，可能会产生反作用。

🎤 **你问我答**：什么是"吃瓜"？吃瓜是时下热门的网络词语，用来表示群众的一种事不关己、不发表意见仅围观的状态。普通网友们常常戏称自己为"吃瓜群众"。而"瓜"则表示某个热点八卦事件。

2. 引导流量到达目标平台

在选择了适配的引流平台后，短视频账号与其他平台之间已经具备了建立联系的基础。要真正实现引流，在此基础上还要让流量真正到达目标平台。

- 给出明确引流标志。引导流量的方式有很多，但是，要将其他平台的流量准确地引导到短视频账号中，需要给出明确的标志，如将在短视频平台中的同名账号，植入视频内容中，以播主讲述的形式提出。这样一来，其他平台上的粉丝如果有想要观看更多类似视频的需求，就会选择去往该平台关注目标账号，从而实现引流。

- 充分利用互动的力量。平台与平台之间的联系也可以通过播主与用户之间的互动形成。互动的作用就是调动平台用户的好奇心，比如在视频中留下悬念，在评论区中设置问题，引导其他平台的用户到短视频平台上关注账号、寻找答案，这样也可以有效地进行流量转化。

3. 联系的维系

不同平台间的粉丝形成联系和转化之后，引流就可以算成形了，但引流是一个持续性的行为，运营者在初步完成账号的引流以后，还必须要保证平台间的联系不中断。

怎样才能维持这种联系呢？首先要保证不同平台上视频更新的频率基本同步，这样才能保证用户的活跃度和粉丝转化连续性。其次是平台间的内容要基本保持一致，不同平台的用户转化是需要引子的，这个引子往往就是用户感兴趣的视频或内容。运营者必须确保用户从引流平台进入短视频平台时，能快速找到与吸引他们的内容相对应的短视频。

8.4.4 优化传播矩阵的布局

矩阵是一种基于流量互推的涨粉布局，这种布局会牵扯到不同账号之间的协作，以及许多显性或隐性的因素，这样一来其效果就受到许多方面的影响。许多运营者在打造矩阵时可能会遇到一些问题，如矩阵效果不明显或者个别账号效果好、个别账号效果差。而这些问题的根本原因就在于矩阵的建立不够完善。要解决这个问题就需要运营团队不断地对矩阵进行优化，而 KPI 考核就是最好的优化方法之一。

KPI 意为关键绩效指标，是衡量一个管理工作成效最重要的指标，是数据化管理的工具。这个方法一般用于企业管理，是将企业、员工、事务在某时期的表现量化和质化的指标，但同样可用在抖音矩阵的运营打造上。

1. 做 KPI 考核之前必须了解三点

在做 KPI 考核之前需要明确以下三点，如此才能利用 KPI 优化矩阵。

（1）找到自己打造短视频矩阵的真正目的

在当前阶段，短视频团队在运营账号时，更侧重做什么？一般包括三种，如图 8-17 所示。

图8-17 短视频账号三大侧重点

可能有些读者会疑问，自己的短视频账号既具备媒体属性，又卖货，那么怎么判断它最本质的目的是做什么？其实就是看其粉丝更多的是单纯的粉丝，还是客户。如果粉丝群体对于账号而言，客户的属性更多，那么该短视频账号就更偏向于卖货的路线。只有明确自身账号打造矩阵的最终目的是什么，才能更好地对矩阵进行优化。

（2）深入了解行业及竞争对手

运营团队要想设置合理的 KPI，就要对行业有深入的了解。这里的行业有两层意思：一是账号所在的细分行业，比如某播主专门讲解关于幼儿教育的内容，那么就要明确幼儿教育领域的家长，以及该行业的基本特征。二是账号在短视频类目所处的位置，比如账号是属于颜值类、技术类，还是知识类。另外，该账号在这一类别中处于哪个位置，排名上是前100还是前10，都需要有一定清晰的了解与定位。

运营团队在对行业进行深入了解的同时，也不能忽视竞争对手的信息，找出自己的主要竞争对手进行拆解研究，应该将竞争对手每条视频的点击数、点赞数、转发量、评论量、完播量都一一进行分析，然后找出这些数据的平均数，这是做 KPI 考核的关键参考依据。

（3）充分掌握自身情况

短视频团队还要做到知己知彼，不仅清楚竞争对手的情况，更要把自己了解透彻。一般来说，可以通过以下两个方面来了解关于自身账号的情况。

第一，数据层面。运营者可以通过一些辅助工具，对账号的视频进行统计分析，分析的数据包括了视频的点击量、点赞量、评论量、转发量。而粉丝黏性以及成长速度正是通过统计分析得出的。

第二，账号层面。账号目前处于什么层面、影响力如何、有多少资源可以利用，这些问题都关系着账号后期的涨粉速度。

2. KPI 指标设置原则

对矩阵进行 KPI 考核必须符合 SMART 原则，SMART 原则的具体内容，如图8-18所示。

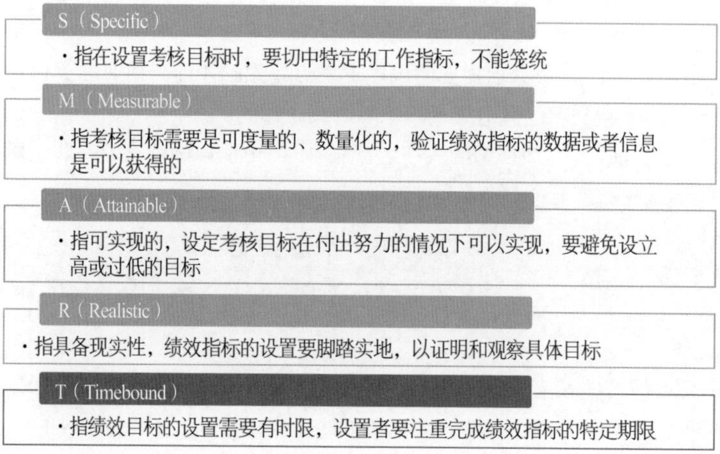

S（Specific）
· 指在设置考核目标时，要切中特定的工作指标，不能笼统

M（Measurable）
· 指考核目标需要是可度量的、数量化的，验证绩效指标的数据或者信息是可以获得的

A（Attainable）
· 指可实现的，设定考核目标在付出努力的情况下可以实现，要避免设立高或过低的目标

R（Realistic）
· 指具备现实性，绩效指标的设置要脚踏实地，以证明和观察具体目标

T（Timebound）
· 指绩效目标的设置需要有时限，设置者要注重完成绩效指标的特定期限

图8-18　SMART原则

3. 设定关键指标的一般程序

在了解 KPI 指标的设置原则后，短视频团队接下来需要对关键指标进行实际的

设置。设定短视频账号的关键指标需要遵循一定的程序，这一程序包含6个步骤，运营团队可以以此作为参考，提高关键指标设定的效率。

（1）找出账号成功的关键要素

关键成功要素，是指对账号成功起关键作用的某个战略要素的定性描述，这是制订关键指标的重要依据，同时该要素能让指标具体化、定量化，使之可以被衡量。找出账号成功的要素，主要涉及三个方面。

■　分析这个账号过去是依靠什么因素成功的。

■　分析过去的成功要素中，哪些是可以让账号持续成功，并能复制到其他账号上的；哪些是阻碍账号持续成长，且不可复制的因素。

■　账号未来的目标是什么，有什么战略规划，以及账号未来成功的关键究竟是什么。

（2）建立评价指标

建立评价指标是指找出关键成功要素之后，要从哪个角度对之进行考核。短视频账号的评价要素包括了点赞量、转发量、评论量、完播量、外链点击量、互动有效率、粉丝量。

（3）建立评价标准

评价标准就像一把尺子，可以衡量出优秀的账号、中等的账号、不合格的账号。之前提到的建立评价指标，指的是从何种角度对关键成功要素进行评估，解决的是评价什么的问题，而建立评价标准则是指在各个指标上，短视频账号应该达到一个什么样的水平，解决的是账号表现的问题。

（4）确定数据来源

建立关键指标体系的最后一步就是确定数据的来源，即通过什么渠道获得评价抖音账号表现的客观数据。一般而言，有以下两种渠道可以获得账号的数据。

■　短视频账号上直接显示的指标，如点赞数、粉丝量、转发量。

■　借助其他工具，即第三方平台的数据，如飞瓜平台，等等。

（5）确定考核周期

考核周期设置不能过长，也不能太短。如果考核周期过长，会带来两个负面结果：一是将账号近期的表现，作为影响最终结果的重要因素，从而给评价带来误差；二是使播主失去对KPI考核的关注，最终影响考核的效果。

如果考核周期太短，也会造成两个方面的负面效果：一是加大考核成本，直接影响播主的工作量；二是由于一些工作内容可能跨越考核周期，许多账号的表现无法评估。运营者最好是根据考核内容的不同，把考核分为月度、季度、年度考核，当然如果有特殊情况，也要适当地缩短考核周期。

（6）考核结果的运用

做KPI就是为了优化抖音矩阵，加强短视频矩阵的效果。因此运营团队就要运用考核结果，例如，评论量达不到标准，就要考虑是视频内容不能激起粉丝的互动兴趣，还是主账号或者其他子账号的互动引导工作没做好。如果视频的点赞量高，但是粉丝关注量低，就要考虑视频的平均质量是否不高，只有一两个好视频吸引了粉丝的点赞，而其他视频却无法吸引粉丝长期关注。

8.5 跨领域创造更多可能性

运营的概念有时可以拆分为"运作＋营销"，在将短视频账号"盘活"之后，接下来就应该考虑如何进行营销的部分了。众所周知，单就短视频本身而言，与营销是毫无瓜葛的，所以对于短视频的营销不能单单局限在短视频本身，而应该开拓思维，发掘更多可能性。

8.5.1 短视频＋电商：增加产品购买率

淘宝与天猫率先嗅到了短视频在电商方面的独特展示力，将其应用在了商品介绍的主界面，让用户能更加直观地认识到商品的外观、质感等细节。

更多聪明的商家借助短视频独特的感染力，运用光影变换、配乐以及高超的摄影技术，不仅在短视频中展示了商品的相关情况，而且表达了品牌的调性，以此吸引了许多偏爱这一风格的粉丝。淘宝某商家的主图短视频，如图8-19所示。

图8-19　淘宝某商家的主图短视频

短视频能够让商品更加直观地展现在用户面前，在一定程度上可以促使用户下单，从而提高商品的销量。由此可见，短视频与电商的结合的确是一种双赢，可以在推广短视频内容的同时，为电商平台吸引更多流量。

8.5.2　短视频＋直播：全天候营销

直播与短视频的渊源，早在各大直播平台开设短视频栏目时就结下了。现如今，短视频 APP 也纷纷开设直播功能，供播主们带货卖货。

以抖音为例，它在主营短视频的同时，开设了直播功能，于是各大人气播主有了新的"营业时间表"，统统在晚上开启了自己的直播间，美妆博主在线教化妆，穿搭博主在线教穿搭，直播间"人来人往"，热闹非凡。某穿搭博主在快手上的直播，如图 8-20 所示。

图8-20　穿搭博主在进行直播

直播有效地增强了播主对用户的辐射，原本只能通过短视频来影响用户的播主，无法干预自己的视频是被用户专心看完还是直接刷走，但只要用户进入直播间，播主可以持续不断地"发力"，攻下用户们的心理高地，促使其在短时间内下单，达成销售目的。

8.5.3　短视频＋专业：多领域扩散影响力

短视频"玩跨界"的优势在于，它可以借助合作方在专业领域的人气，以及短视频广大的流量入口，引燃超热门话题，带来双赢甚至多赢的局面。

例如，在几年前的戛纳电影节，欧莱雅等品牌第一时间借助美拍平台，玩起了"明星＋直播＋大事件"的新鲜模式，全程记录明星们在戛纳现场的台前幕后，向国内观众传送了明星造型等消息，并实现了明星和粉丝的互动。其活动直播，如图8-21所示。

图8-21　美拍直播戛纳电影节

借势戛纳电影节，并不是什么新鲜玩法，但欧莱雅联合美拍，借助美拍巨大的流量入口、广大的用户基础，通过直播、明星、大事件三重杀手锏，成功引爆了事件本身。这一成功案例是非常值得广大短视频运营团队学习的。

8.5.4　短视频＋H5：更多有趣的表现方式

新媒体时代，大家时常能听到H5这个词，那么H5到底是什么呢？通俗一点说，H5就是HTML5，也指一切用H5语言制作而成的数字产品，相当于移动端的PPT，一般应用在微信中。

而"短视频＋H5"的模式，其实也是H5本身的特质之一。并且由于短视频与图片文字不同，它不能够随意造假，相对而言是一个比较真实的展示信息的媒介，因此这一模式也常用于企业向用户展示自身形象，以及商品的真实形象。

运营团队想要"短视频＋H5"模式下的"成品"能充分吸引用户的目光，制作出的最终作品需要具备以下几个基本特征，如图8-22所示。

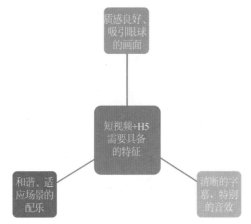

图8-22　"短视频＋H5"模式需要具备的特征

顾客只有在对企业的方方面面有比较直接的了解后，才会下定决心购买该企业的产品，而"短视频＋H5"的方式，就能做到有说服力地展现产品，使得顾客更加相信企业，从而购买企业的产品。

8.5.5　短视频＋自媒体：动静互补增强说服力

现如今，随着短视频自媒体平台门槛的降低，越来越多不同的人群以及内容进入短视频市场，于是短视频市场的竞争也越来越激烈，在此过程中，一些美食类、吐槽类等领域的视频开始兴起，而越来越多的自媒体"大V"也开始加入到这部分的内容创作中。

短视频拥有两大与生俱来的优势：一是相对于图文形式的内容而言，视频内容更加直观，也更富有生动性。二是因为视频内容的"接地气"，让观众更容易接受。所以说，短视频是天然适合自媒体发展的沃土。

分享美食制作类视频的账号"日食记"，就是典型的"短视频＋自媒体"的成功案例，其抖音号目前已经拥有超过345万的粉丝，微博号已经拥有超过1905万的粉丝，如图8-23所示。

图8-23　日食记的抖音与微博主页

大家最关心的问题

1. 矩阵内的子账号如何定位？

打造传播矩阵的短视频团队都会面临矩阵内子账号的定位问题，要解决这一问题其实不难，因为子账号终究是为主账号服务的，只需要遵循以下3个原则就能给出清晰、准确的定位。

（1）垂直定位，一个账号只专注一个领域

其实子账号定位与主账号的定位一样，不能今天发穿搭，明天卖水果，而是要精准垂直定位。因为垂直类的账号，系统给予的权重更高，门槛更低，运营起来更轻松。运营方要操盘一整个矩阵，工作量已然不轻，所以能更加高效地工作是最好不过的。此外，定位太过于混乱，也不利于账号推荐。

（2）矩阵的定位布局

通常情况下，特别是对于企业而言，以下三类定位是矩阵内必须存在的：行业号、专家号、企业号。行业号帮助企业奠定行业地位；专家号帮助企业奠定专业地位；企业号帮助企业奠定企业权威地位。

（3）矩阵内的账号定位要有关联性

虽说每个子账号都有自己的独特性，但是各个子账号之间也需要存在一定的关联性，如目标粉丝群相近、内容相关联等，否则互相之间很难导流。

2.矩阵中，角色定位容易走入的误区

短视频团队想要运用矩阵为旗下账号引流，增加人气，就需要在实际操作过程中，正确地定位矩阵中的账号角色。但许多团队容易在角色定位上进入误区，常见的定位误区有以下 3 种。

（1）角色定位过高

过分看重团队中的某个账号，给到高于这个账号实际可以承担的角色定位。这种情况大多出现在新开设的账号上，随着市场竞争的加剧，新账号引流越来越困难，但是运营团队给某个新账号定位为帮助主账号进行引流的子账号，这就大大超出了这个账号本身能够承担的定位。

（2）角色定位过低

与角色定位过高相反，角色定位过低是指团队给的角色定位，低于某个账号可以实际承担的角色。比如矩阵内的账号 A，拥有 100 万粉丝，但是团队对其的角色定位还是帮助主账号引流。虽然这也是该账号需要担任的角色之一，可是它已经具备承担其他重要角色的能力，例如承担变现者的角色，它可以和主账号一样接广告，为运营方带来更大的价值；或者是带领者，带领着其他小号不断地前进，从而让其他小号成长为新的变现者或带领者。如果矩阵内出现这种情况，实际上是对资源的一种浪费。

（3）角色错位

这是指给账号的定位与其实际应当承担的角色不符。比如拥有 100 万粉丝的账号 A 应该承担给主账号引流的角色，但是运营团队却将其定位成在账号评论区与主账号互动的角色，虽然也能起到一定的作用，但是账号 A 的 100 万粉丝的作用就被大大弱化了。